Beltz Taschenbuch 905

Über dieses Buch:
Es gibt heute kaum mehr einen gesellschaftlichen Konsens darüber, was richtig und was falsch ist. Deshalb brauchen wir neue und klare Wertmaßstäbe. Sie helfen dabei, gute Entscheidungen zu treffen – solche, die Sie sowohl vor sich selbst als auch vor der ganzen Familie aus ganzem Herzen vertreten können. Jesper Juul, der sich 30 Jahre lang mit diesem Thema intensiv beschäftigt hat, bietet vier Säulen, die für das Wohlergehen der Familie wichtig sind und die Kindern helfen, ein gesundes Selbstwertgefühl zu entwickeln: Gleichwürdigkeit, Integrität, Authentizität und Verantwortung. Dabei entlarvt er ganz nebenbei den neuen Trend zum Perfektionismus als das schwerste Joch, das Eltern ihren Kindern – und sich selbst – aufbürden können.

Der Autor:
Jesper Juul, 1948 in Dänemark geboren, ist Gründer des renommierten »Kempler Institute of Scandinavia«, einem Institut für »Nachhilfe« im Umgang mit Kindern und Jugendlichen für 80 Prozent aller skandinavischen Lehrer. Er zählt zu den bedeutendsten Familientherapeuten Europas; seine Bücher erreichen Rekordauflagen. Mit seinen Bildungsstätten für Familien, den familylabs, ist er auch in Deutschland, der Schweiz und Österreich tätig. Jesper Juul hat einen Sohn und einen Enkelsohn.

Jesper Juul

Was Familien trägt

Ein Orientierungsbuch

Werte in Erziehung und Partnerschaft

Aus dem Dänischen von Knut Krüger

Titel der Originalausgabe:
LIVET I FAMILIEN – de vigtigste værdier i samliv og børneopdragelse
Published by Forlaget Apostrof, Copenhagen 2004
Published by arrangement with Leonhardt & Høier Literary Agency
aps, Copenhagen

Wichtiger Hinweis
Die im Buch veröffentlichten Ratschläge wurden mit größter Sorgfalt
und nach bestem Wissen vom Autor erarbeitet und geprüft. Eine Garantie kann jedoch weder vom Verlag noch vom Verfasser übernommen werden. Die Haftung des Autors bzw. des Verlages und seiner Be-
auftragten für Personen-, Sach- oder Vermögensschäden ist ausge-
schlossen.
Das Werk und seine Teile sind urheberrechtlich geschützt. Jede Nut-
zung in anderen als den gesetzlich zugelassenen Fällen bedarf der vor-
herigen schriftlichen Einwilligung des Verlages. Hinweis zu § 52 a
UrhG: Weder das Werk noch seine Teile dürfen ohne eine solche Einwilligung eingescannt und in ein Netzwerk eingestellt werden. Dies
gilt auch für Intranets von Schulen und sonstigen Bildungseinrichtun-
gen.

www.jesperjuul.com
www.familylab.de · www.familylab.at · www.familylab.ch
www.facebook.com/familylab
www.twitter.com/family_lab
www.dfti.dk
www.ddif.de

www.beltz.de

6. Auflage 2012

Beltz Taschenbuch 905
2008 Beltz Verlag, Weinheim und Basel
© Jesper Juul 2004
© 2006 für die deutsche Ausgabe Kösel-Verlag, München,
in der Verlagsgruppe Random House GmbH
Umschlaggestaltung: Federico Luci, Odenthal
Umschlagabbildung: © Mauritius, Mittenwald
Druck und Bindung: Beltz Druckpartner GmbH & Co. KG, Hemsbach
Printed in Germany

ISBN 978-3-407-22905-2

Inhalt

Einleitung 7

Eins
Gleichwürdigkeit 23

Zwei
Integrität 49

Drei
Authentizität 67

Vier
Verantwortung 83

Fünf
Gemeinschaft 115

Sechs
Die Führungsrolle der Erwachsenen 129

Nachwort 167
Buchtipps 168

Einleitung

Überall in Europa ist das Leben der Familien heutzutage von mehr oder minder großer Unsicherheit und Neugierde geprägt. Die traditionelle Kernfamilie mit ihrer starren Rollenverteilung und dem ehelichen Versprechen »Bis dass der Tod uns scheidet« ist bereits vor einer Generation zusammengebrochen. Meine eigene Generation – die erste nach dem Zusammenbruch – hat sich mit einer Handvoll Parolen und zahlreichen Scheidungen zu behelfen versucht, doch sind im Grunde erst in den letzten zehn Jahren neue Spielregeln für Partnerschaft und Kindererziehung aufgestellt worden. In diesem Zusammenhang ist die Tatsache von Bedeutung, dass diese Regeln von jedem Paar individuell festgelegt werden müssen, weil wir nicht mehr auf brauchbare Rollenmodelle zurückgreifen können.

Eine Familie besteht nicht mehr allein aus Vater, Mutter und Kindern. Die Rolle der oder des Alleinerziehenden bezeugt weder ein soziales Unglück noch ein romantisches Fiasko; in den letzten Jahren ist die Patchworkfamilie mit »deinen«, »meinen« und »unseren« Kindern hinzugekommen, und auch der geschiedene Vater oder die geschiedene Mutter, die nur gelegentlich mit den eigenen Kindern zusammenleben, bilden in psychologischer wie existenzieller Hinsicht zweifellos eine Familie. Hinzu kommen homosexuelle Paare mit und ohne Kinder, Adoptivfamilien, Pflegefamilien sowie Familiengemeinschaften, in denen mehrere Generationen unter einem Dach leben.

Es geht hier um eine sehr viel größere Veränderung als um den üblichen Generationenwechsel, und natürlich bringt diese Veränderung eine erhebliche Unsicherheit mit sich. In Skandinavien müssen wir ferner der Tatsache Rechnung tragen, dass über 90 Prozent derjenigen, die heute Eltern werden, etwa 25.000 Stunden ihrer Kindheit in pädagogischen Institutionen oder anderen Betreuungseinrichtungen verbracht haben. (In Deutschland dürfte die Zahl niedriger liegen, da hier Ganztagsbetreuung nicht üblich ist, so wie in Skandinavien.) Viele waren somit in weitaus stärkerem Maße professioneller Pädagogik als familiärer Erziehung ausgesetzt. Daher ist es nicht verwunderlich, dass gerade in den letzten Jahren die Fragen verunsicherter Eltern zugenommen haben:

* Was sollen wir tun, wenn unser Zweijähriger im Bett nicht einschlafen kann?
* Wie soll man sich verhalten, wenn ein zehnjähriges Mädchen sich piercen lassen will?
* Unsere vierjährige Tochter weigert sich, Gemüse zu essen. Was sollen wir tun?
* Bei uns herrscht jeden Morgen totales Chaos. Was machen wir nur verkehrt?
* Ich gehe Konflikten aus dem Weg. Ist das generell ein Fehler?
* Wenn mein Mann mit den Kindern allein ist, hat er nie die Probleme mit ihnen, die ich habe. Woran liegt das?
* Mein Lebensgefährte will Ruhe beim Essen. Ist das nicht schade für die Kinder?

Einleitung

* Wir sprechen kaum noch miteinander. Wie können wir das ändern?
* Für mich ist häufiger Sex sehr wichtig, aber meinem Mann reicht es, wenn wir einmal im Monat miteinander schlafen. Soll ich mich damit abfinden?

Die Unsicherheit in Fragen der Partnerschaft und Kindererziehung ist weder neu noch typisch für die heutige Elterngeneration. Eltern sind stets unsicher gewesen. Der Unterschied zu früher besteht vielleicht darin, dass die Eltern von heute diese Unsicherheit mit bewundernswerter Offenheit artikulieren. Die Zeiten, in denen alle wussten, was »man« zu tun hat, was richtig und falsch ist, sind vorbei.

Noch vor einer Generation lebten wir in einer relativ isolierten Gesellschaft mit einem hohen Maß an gemeinsamen Wertvorstellungen. Als ich 1960, im Alter von zwölf Jahren, meine Eltern um Erlaubnis bat, einen Jazzclub besuchen zu dürfen, ließ die Antwort an Deutlichkeit nichts zu wünschen übrig: »Kommt überhaupt nicht in Frage!« Als ich mich erdreistete, nach einer Begründung zu fragen, hieß es: »Das tut man nicht in deinem Alter, und damit basta!« Danach konnte ich ihre Behauptung anhand meiner gleichaltrigen Freunde überprüfen und stellte fest, dass sie Recht hatten. Keiner von ihnen hatte die Erlaubnis bekommen. Für die Generation meiner Eltern war dieses Wissen um das »richtige« Verhalten eine große Stütze. Es wurde zusätzlich abgesichert durch die feste Überzeugung, dass man vom »richtigen« Verhalten keinesfalls abweichen dürfe.

Für die heutigen Eltern, die ihren Zwölfjährigen erklären müssen, warum sie ihnen kein Vertragshandy zur Ver-

> Es gibt heute kaum mehr einen gesellschaftlichen Konsens darüber, was richtig und was falsch ist.

9

fügung stellen, warum sie nicht wollen, dass sie sich den Nabel piercen oder betrunken nach Hause kommen, ist die Aufgabe sehr viel komplexer. Der Hinweis »Das tut man nicht« ist spätestens dann entkräftet, wenn die Kinder sich per SMS bei ihren Freunden versichert haben, dass sie es »sehr wohl tun«. Die Eltern sind also gezwungen, Rat einzuholen, mit anderen Eltern zu reden, Ärzte, Pädagogen und Schulpsychologen zu konsultieren. Doch allzu oft bleiben die Zweifel bestehen, denn auch die Experten sind sich nicht einig.

Noch vor einem halben Jahrhundert hatten diejenigen, die in der Gesellschaft den Ton angaben, verhältnismäßig klare Wertvorstellungen, was aus den gesellschaftlichen Debatten jener Tage, den damaligen pädagogischen Richtlinien für die Schulen und den Grundüberzeugungen der politischen Parteien deutlich hervorgeht. Auch spielten die Kirchen eine wesentlich größere Rolle als heute, wenn es galt, das Wertefundament der Gesellschaft zu definieren. Heutzutage ist es meist schwierig, den Wertekanon und das Menschenbild der Parteien – sofern überhaupt vorhanden – auf den Punkt zu bringen. Selbst die markantesten Persönlichkeiten profilieren sich weitgehend, indem sie *gegen*, nicht *für* etwas sind. Doch den Familien werden keine Perspektiven eröffnet, weder familienpolitisch noch in Form von Werten, die familiäres und gesellschaftliches Leben besser in Einklang bringen. Die Schulen sind im selben Maße von der konfliktorientierten Selbstbeschäftigung und allgemeinen Verunsicherung betroffen wie die Familien, und die Kirche hat in vielen Ländern Probleme, ihre zweifellos positiven Werte so zu vermitteln, dass sich die Menschen heute davon auch angesprochen fühlen. Überlegt man, nach welchen Regeln

Einleitung

unsere Gesellschaft vor allem organisiert ist, gelangt man zu der Erkenntnis, dass es die Regeln des Marktes sind. Es stellt sich überhaupt die Frage, inwieweit man sich heute als Mensch verstehen kann, ohne die Philosophie und die Mechanismen des Marktes zu begreifen.

Doch die Regeln des Marktes und dessen (inexistentes) Menschenbild eignen sich nicht als Wertegrundlage für die Familie, wenngleich sie in zunehmendem Maße auch unsere Vorstellung vom privaten Raum prägen. Die Möglichkeit, eine Partnerschaft oder Familie zu gründen, hängt für viele junge Menschen von der Fähigkeit zur Selbstvermarktung ab – ob in der Disko, im Internet oder an anderen Orten, an denen Singles ihre Markttauglichkeit erproben. Es gibt eine steigende Selbstmordrate unter westeuropäischen Frauen weißer Hautfarbe, die sich nicht damit abfinden konnten, dass ihr Brustumfang, ihre Genitalien und Beinlänge nicht den Idealvorstellungen des Marktes entsprachen. Kinder sind in beunruhigendem Maße zu Objekten und Handelsware reduziert worden.

Dabei geht es nicht allein um den konkreten Kinderhandel zum Ziel der sexuellen Ausbeutung, der illegalen Adoption oder der Versorgung kranker, wohlhabender Erwachsener mit gesunden Organen, wie dies in bisher nicht gekanntem Ausmaß geschieht, sondern es besteht unter ganz normalen gesetzestreuen Bürgern auch nahezu Einigkeit darüber, dass es ein gesellschaftlich finanziertes Menschenrecht ist, Kinder zu bekommen, auch wenn dies aus eigener Anstrengung nicht möglich ist. Wird man dann mit Zwillingen schwanger, diskutiert man allen Ernstes über die Möglichkeit, nur ein Kind zu behalten; und mittlerweile nähern wir uns der Zeit, in der man sich Augenfarbe und Körpergröße, das Geschlecht und den IQ seines

Nachwuchses wird aussuchen können. Vor kurzem insistierte ein Paar auf das Recht, sein adoptiertes Kind zurückzugeben, weil die Frau mehrere Jahre nach der Adoption schwanger wurde. Adoptionsvermittler erleben, dass künftige Adoptiveltern sich gegen die Kinder entscheiden, die nicht dem Selbstbild der Familie entsprechen. Gesellschaftliche Institutionen stempeln Kinder seit Jahren als mehr oder weniger »funktionstüchtig« ab, als handele es sich um Küchenmaschinen, die den europäischen Qualitätsstandards entsprechen müssen. Mir scheint, wir befinden uns auf einer ethischen Rutschbahn, auf der es kein Halten mehr gibt. Oder anders gesagt: So weit ist es offenbar mit unseren Werten gekommen. Solange die medizinische Technologie oder kriminelle Organisationen für ein entsprechendes Angebot sorgen, wird es an der Nachfrage nicht mangeln. So ist nun mal der Markt; die Frage ist nur, ob wir dessen Regeln auch auf unser Familienleben anwenden wollen.

Selbstvermarktung, Ausbeutung, Menschen als Ware: Die Gesetze des Marktes bestimmen auch unseren privaten Raum.

Ebenso wie eigene Kinder bloß eine von mehreren Alternativen darstellen, werden Ehe und Partnerschaft nicht mehr als soziale oder moralische Notwendigkeit, sondern als persönliche Wahl betrachtet – eine Entwicklung, zu der wir uns beglückwünschen sollten. Niemand muss sich mehr gezwungen fühlen, mit jemand zusammenzuleben und sich von dieser Person gar unterdrücken oder misshandeln zu lassen. Dies gilt zumindest für die wohlhabenderen europäischen Länder, die im sozialpolitischen Bereich die notwendige gesetzliche Basis hierfür geschaffen haben. Die Wertvorstellungen haben sich geändert. »Man muss um (fast) jeden Preis zusammenhalten« war früher die Devise. Heute lautet sie: »Man muss sich selbst ernst nehmen.« Wie ich später zeigen werde, schließen sich diese beiden Maximen nicht automatisch aus.

Es ist Teil der marktorientierten Kultur, von Werkzeugen, Modellen, Konzepten und Methoden zu sprechen, und das ist es wohl auch, was sich Hilfe suchende Eltern und Partner, oberflächlich betrachtet, versprechen. Das Problem ist nur, dass es im Grunde keine Methoden gibt, die unter allen Umständen zum Erfolg führen. Dazu sind wir Menschen mit unseren wechselseitigen Beziehungen viel zu verschieden. Vermutlich klingt das merkwürdig aus dem Mund eines Mannes, der sich sein gesamtes Berufsleben hindurch auf dem »Marktplatz der Experten« getummelt hat, auf dem es von Methoden, Konzepten und stereotypen Lösungsmodellen nur so wimmelt – doch ist dies stets meine Meinung gewesen. Es gibt keine fachliche psychologische oder pädagogische Grundlage, um *eine* generelle Methode zu rechtfertigen.

Menschen sind keine Maschinen und bedürfen daher keiner »Werkzeuge« oder »Instrumente«. Hinsichtlich der Wertvorstellungen eines Menschen besteht ein himmelweiter Unterschied zwischen den folgenden beiden Fragen: »Welche Instrumente gibt es, um Kinder zum Schlafen zu bringen?« und »Welche Eigenschaften und Fähigkeiten muss ich entwickeln, damit mein Kind ruhig schlafen kann?« Oder zwischen diesen Fragen: »Gibt es keine Instrumente, die Frauen dazu bringen, ihren Widerstand beim Sex aufzugeben?« bzw. »Ich finde, unser Sex ist zu sehr zur Routine erstarrt. Wie spreche ich am besten mit meiner Frau, damit sie sich nicht kritisiert fühlt und noch mehr die Lust verliert?« Dasselbe gilt für Methoden. Sie funktionieren nur, solange einer sich damit abfindet, von dem anderen auf ein Objekt reduziert zu werden.

Menschen fühlen sich unwohl und entwickeln sich schlecht, wenn sie Konzepten unterworfen werden. Fragen Sie Kinder, die in einem israelischen Kibbuz oder einem sowjetischen Kinderheim aufwuchsen, um zwei konträre ideologische Beispiele zu nennen. Die meisten von uns haben eine Vorstellung davon, wie ihre zukünftige Familie aussehen soll, doch eine Verwirklichung dieser Vorstellung gelingt nur, wenn sie der Tatsache Rechnung trägt, dass eine Familie aus lebenden Menschen besteht. Starre Konzepte sind wie Mini-Sekten: Sie funktionieren nur, solange ihre Anhänger willens sind, sich ihrem Erfinder oder Guru zu unterwerfen. Charakteristisch ist außerdem eine niedrige Toleranzschwelle gegenüber Abweichlern.

Das größte Problem der »Methoden«, vor allem in der Kindererziehung, besteht indes darin, dass alle Methoden prinzipiell einem bestimmten Zweck dienen – vor allem wenn die Erwachsenen eine geschlossene Front bilden und die Familien ein relativ isoliertes Leben führen. Das liegt nicht etwa daran, dass alle Methoden gleich gut wären, sondern ausschließlich an der außerordentlichen Fähigkeit und dem beharrlichen Willen der Kinder, sich den Erwachsenen, die sie lieben und von denen sie abhängig sind, anzupassen und unterzuordnen.

Wir übernehmen oft sogar die Erziehungsmethoden unserer Eltern, unter denen wir selbst gelitten haben.

Der Kooperationswille der Kinder ist so groß, dass sie noch als Erwachsene die Erziehungsmethoden ihrer Eltern übernehmen, selbst wenn sie unter diesen gelitten haben. Daher gehören beispielsweise physische und psychische Gewalt sowie sexueller Missbrauch zu dem, was wir »negatives soziales Erbe« nennen.

Physische Gewalt ist zweifellos eine der effektivsten Methoden in der Kindererziehung – wenn effektiv bedeutet, dass Erwachsene so schnell wie möglich ihr Ziel erreichen. Beobachtet man Familien oder Länder, in denen physische Gewalt an Kindern immer noch akzeptiert ist, so lässt sich leicht feststellen, wie schnell Kinder dazu gebracht werden können, etwas zu essen, das sie nicht mögen; wie schnell ihre Proteste gegen Ungerechtigkeit verstummen und wie schnell sie ihre Augen schließen und still liegen, obwohl sie sich nur einen Augenblick zuvor geweigert hatten, sich schlafen zu legen. Die Folge sind Junge und Alte, die an Körper und Seele verkrüppelt sind, sowie destruktive Beziehungen zwischen Eltern und Erwachsenen. Doch wenn ein solches Verhalten den allgemeinen Wertvorstellungen entspricht, leben alle damit. Darin besteht ein Teil der Macht, die in starken gemeinsamen Wertvorstellungen liegt.

Wir können kein zufriedenstellendes Leben führen, wenn wir nach dem Prinzip des geringsten Widerstands handeln oder stets andere um Rat und Anleitung fragen müssen, wenn wir einem neuen Konflikt oder Problem gegenüberstehen. Es ist ebenso demütigend wie aufreibend, eine ständige Unsicherheit zu empfinden, die zudem Spuren in der Beziehung zwischen Eltern und Kindern hinterlässt. Dennoch ist diese Unsicherheit für das Verhalten von immer mehr Eltern charakteristisch. Sie leben quasi von Konflikt zu Konflikt und erwarten sich Lösungen, die exakt den spezifischen Problemen angepasst sind, z.B. bei Schlafproblemen, Essstörungen, Streitereien am Morgen, Schulmüdigkeit, Alkoholmissbrauch etc. Doch pauschale Lösungen gibt es nicht! Hingegen gibt es übergeordnete Prinzipien und Werte, die uns helfen, individuelle Lösungen zu finden. Statt in ständiger Angst vor dem nächsten Konflikt zu leben oder stets darum ringen zu müssen, diesen zu vermeiden, brauchen wir die Fähigkeit zur Unterscheidung, und zwar zwischen dem, was von außen – von Experten, Eltern, Freunden und Familienangehörigen – an uns herangetragen wird, und dem, was unserer eigenen Überzeugung entspricht. Wir brauchen also eine Richtschnur in Form unserer Werte. Ebenso wie wir unsere Partnerschaft und die Erziehung unserer Kinder stets aufs Neue begründen müssen, sind wir gezwungen, zu unzähligen Fragen Stellung zu beziehen, die früher durch den gesellschaftlichen Wertekonsens beantwortet wurden. Da dies jeden Menschen überfordert, brauchen wir ein Wertefundament, auf das wir zurückgreifen können.

Mit einem Wertefundament stehen wir individuellen Problemen nicht mehr länger hilflos gegenüber.

Lassen Sie mich das anhand einer aktuellen Problematik illustrieren: Immer mehr Kinder und Jugendliche sind derart übergewichtig, dass nicht nur ihre eigene Gesundheit und ihr eigenes Leben, sondern zugleich die ökonomische Stabilität der Gesellschaft bedroht ist.

Dieses Problem ist größtenteils auf den übermäßigen Konsum zuckerhaltiger Erfrischungsgetränke und fetthaltiger Snacks, von Junkfood und Fastfood, zurückzuführen. Lebensmittel, die es vor zwanzig Jahren entweder noch nicht gab oder nur ausnahmsweise verzehrt wurden, sind fester Bestandteil der täglichen Nahrungsaufnahme geworden. Bei den Erwachsenen verhält es sich nicht anders: Was noch vor einer Generation ein Festessen gewesen wäre, wird heute fast täglich konsumiert.

Nun stehen Eltern vor der Herausforderung, den Verbrauch ihrer Kinder an gesundheitsschädlichen Produkten regulieren zu müssen, und obwohl sie dabei sämtliche Behörden und alle politischen Parteien im Rücken haben, hilft ihnen dies nur wenig beim Konflikt mit ihren Kindern, die entweder schon einen erheblichen Konsum aufgebaut haben oder mit Neid auf ihre Freunde schielen, die freieren Zugang zu diesen Produkten haben als sie. Der elterliche Hinweis auf die Empfehlungen des Gesundheitsamts dürfte ihre Sprösslinge in dieser Diskussion nur wenig beeindrucken. Die Eltern müssen eine eigene Autorität aufbauen, und diese kann nur auf festen Werten basieren.

Doch was sind Werte überhaupt? Die Antwort ist zweigeteilt: Es sind die Gedanken und Ideen, denen wir große Bedeutung beimessen, die unsere täglichen Handlungen und Reflexionen bestimmen. In einer Familie – einer auf Liebe fußenden Gemeinschaft – lautet die wichtigste Frage:

»Wie kann ich meine liebevollen Gefühle in Handlungen umsetzen, die meine Nächsten auch als liebevoll *erleben*, ohne meine persönliche Integrität aufs Spiel zu setzen?«

Unsere Werte und Prinzipien können diese existenzielle Frage nicht detailliert beantworten, aber sie können als Navigationspunkte und Wegweiser bei unserem ständigen Suchen nach einer Antwort dienen. Werte sind nicht dasselbe wie Ziele. Sie existieren unabhängig von den Zielen und beschreiben eher den Weg dorthin und die Qualität der Reise.

Die Werte, die ich im Folgenden beschreibe, entsprechen nicht ausschließlich meiner persönlichen Überzeugung. Ihnen liegen zahlreiche Quellen zugrunde, und meine Arbeit beschränkt sich darauf, sie unter gewissen Aspekten gesammelt und ihnen teils neue Namen und Bedeutungen gegeben zu haben. Möglicherweise werden sie manchem ein wenig »blutleer« erscheinen, was daran liegen könnte, dass ich mich auf die Werte beschränkt habe, die psychisches und soziales Wohlergehen herbeiführen. Das gilt sowohl für Heranwachsende als auch für Erwachsene, die ihre humanen Qualitäten im Zusammenspiel mit anderen Menschen entfalten. Das sind die Werte, von denen ich am meisten verstehe. Von diesem Fundament aus kann jeder seine individuellen philosophischen, religiösen, politischen, kulturellen und spirituellen Anschauungen entwickeln.

Ich hatte das Privileg, Familien aus verschiedensten Ländern und Kulturen kennen gelernt zu haben, und kann mit großer Überzeugung sagen, dass die folgenden vier Werte allesamt von kulturübergreifender Bedeutung sind. Sie können europäischen Eltern kleiner Kinder, die von einer ganz normalen Unsicherheit befallen sind, als Wegweiser dienen. Sie können aber auch den erwachsenen Kindern von Einwanderern und Flüchtlingen Orientierung geben, die einerseits den tradierten Normen und Mustern ihrer

Die Herausbildung gemeinsamer Werte hilft besonders Paaren, die unterschiedliche kulturelle oder ethische Wurzeln haben.

Eltern verhaftet sind – möglicherweise ein nostalgisches Verhältnis zu diesen Normen entwickelt haben –, sich andererseits der Wertepluralität gegenübersehen, die für die heutige Gesellschaft prägend ist. Gleichzeitig können diese Werte als Bindeglied innerhalb der rasch wachsenden Gruppe so genannter gemischter Ehen fungieren, deren Partner unterschiedliche nationale und ethische Wurzeln haben. Diese sollten sich nicht auf unfruchtbare Streitereien über das »richtige« Verhalten einlassen, falls ihr Kind am Tisch nicht still sitzt, seine Hausaufgaben nicht macht oder zu spät nach Hause kommt, sondern sich Gedanken über die zentralen Wertvorstellungen machen. Alle Erfahrung zeigt, dass wir besser damit leben können, wenn die Werte unser Tun bestimmen, als wenn die Werte bloß getarnte Rationalisierungen sind.

Die Werte, die in diesem Buch beschrieben und veranschaulicht werden, machen keinen Unterschied zwischen Mann und Frau, Erwachsenen und Kindern, Alten und Jungen. Damit sollen die bestehenden markanten Unterschiede nicht verwischt, sondern der allgemein gültige humane Charakter dieser Werte hervorgehoben und auf einen Nenner gebracht werden.

Das Buch ist folgendermaßen aufgebaut: In den ersten vier Kapiteln werden Wertvorstellungen beschrieben und anhand einer Reihe von praktischen Beispielen aus dem Familienalltag illustriert. Gleichzeitig werden die Prinzipien erläutert und diskutiert, die sich aus den betreffenden Wertvorstellungen ableiten lassen. Ihre Reihenfolge hat nichts mit ihrer Bedeutung zu tun. Meiner Meinung nach haben alle dasselbe Gewicht. Die Abfolge ergibt sich aus der Art und Weise, wie sie einander bedingen. Die beiden letzten Kapitel beschreiben den Raum, in dem diese Werte wirksam werden sollen – in der egalitären Gemeinschaft ebenso wie in hierarchisch gegliederten Verhältnissen.

Es ist stets spannend und provozierend, die eigenen Wertvorstellungen mit denen anderer Menschen zu vergleichen. Das liegt nicht zuletzt daran, dass es sich mit der Umsetzung unserer Wertvorstellungen in der Praxis oft anders verhält, als wir glauben oder wünschen. Welche Werte und Normen wurden uns von unseren Eltern mit auf den Weg gegeben? Welche wurden ausdrücklich formuliert, welche galten als selbstverständlich? Wurden sie

Einleitung

wirklich praktiziert oder handelte es sich um Lippenbe-
kenntnisse? Viele Unternehmen und Institutionen, die
eine solche Wertediskussion geführt haben, mussten erkennen, dass sich Normen leichter formulieren als praktizieren (im Managerjargon: implementieren) lassen.

So geht es auch vielen Familien, die oft Jahre benötigen,
um Theorie und Praxis einigermaßen in Einklang zu bringen. Wir können einander nicht einfach »respektieren«,
weil wir finden, dass wir dazu verpflichtet sind. Oft übersehen wir die Hilfsbedürftigkeit der anderen, obwohl wir
an sich der Meinung sind, dass gegenseitige Hilfe eine der
Schlüsselfunktionen innerhalb der Familie ist. Wäre dies
nicht der Fall, könnten wir uns mit der goldenen Regel der
Bibel begnügen: Liebe deinen Nächsten wie dich selbst.
Oder: Behandele andere so, wie du selbst behandelt werden möchtest. Seit Generationen besteht ein Problem darin, dass die meisten Menschen nicht mit sich selbst im
Reinen sind und sich selbst schlecht behandeln. Meiner
Erfahrung nach hat dies nichts mit Faulheit oder individu-
eller Unreife zu tun, sondern mit einer Art kollektiver Unreife – unsere psychologische und soziale Entwicklung
scheint mit der Entwicklung der Welt nicht Schritt halten
zu können.

Vielleicht liegt ein Teil der Erklärung in der Erkenntnis
der Hirnforschung, dass sich das menschliche Gehirn in
den letzten 50.000 Jahren nicht entwickelt hat. Wie auch
immer, jeder kann sich selbst davon überzeugen, dass der
soziale und kulturelle Firnis oft furchtbar dünn und der
Abstand zwischen Empathie und roher Primitivität er-
schreckend gering ist. Das gilt nicht nur für Menschen, die
eine so genannte unglückliche Kindheit hinter sich haben
und von inhumanen, destruktiven Werten geprägt wur-

den. Das gilt auch für dich und mich und diejenigen, mit denen wir zusammenleben. Betrachten Sie daher die Ergründung und Formulierung Ihrer persönlichen Wertvorstellungen als Schritt eines Entwicklungsprozesses und nicht als Möglichkeit, andere zu bekämpfen oder sich über sie hinwegzusetzen. Selbst unsere eigenen Familien sind ja im Grunde Ausdruck unserer kollektiven Vorstellung davon, wie eine Familie zu Beginn des dritten Jahrtausends aussehen sollte.

Es liegt in meinem und dem Interesse des Buches, wenn Sie meine Vorschläge nicht als absolute Wahrheiten auffassen, ein starres System oder gar eine Art Religion daraus machen. Wenn es allen in Ihrer Familie gut geht, dann besteht eigentlich kein Anlass, irgendetwas zu ändern. Falls das nicht der Fall ist oder wenn Ihre Verunsicherung Ihnen Kraft raubt, dann können Ihnen meine Erfahrungen hoffentlich eine Hilfe und Inspiration sein. Partnerschaft und Kindererziehung sind in vieler Hinsicht ein lebenslanges Experiment, das niemand durchführt, ohne auch immer wieder Dummheiten zu begehen. Aber im Leben geht es nicht darum, sich »richtig« oder gar »perfekt« zu verhalten, sondern darum, dem ganzen Chaos einen Sinn zu entlocken. Eine Möglichkeit, dies zu tun, ist die Umsetzung seiner Wertvorstellungen im Zusammenleben mit Menschen, denen man etwas bedeuten möchte.

Es bedeutet mir viel, dass im Laufe der Jahre so viele Familien willens waren, mir einen Einblick in ihr Leben zu verschaffen. Diesen Erlebnissen sowie den drei Familien, an denen ich persönlich teilhatte – zwei Kernfamilien und eine Patchworkfamilie –, schulde ich Dank dafür, dass ich allmählich glaube, mir meiner eigenen Rolle in einer Gemeinschaft bewusst zu sein.

Einleitung

Dieses Buch markiert auch den Beginn eines neuen Kapitels in meinem Leben, das von einem paneuropäischen Familienprojekt geprägt wird, das wir angesichts unserer Erkenntnisse an der Familienfront www.famlab.de genannt haben. Es handelt sich um eine Art offenes Familienlaboratorium, das Eltern nutzen können, um sich für ihr eigenes Familienleben Inspiration und Unterstützung zu holen. Klicken Sie einfach die Adresse an; vielleicht könnten wir ja auch für Sie von Nutzen sein!

Eins

Gleichwürdigkeit

Wir gründen Partnerschaften und Familien als diejenigen, die wir aufgrund unserer Gene und sozialen Prägung geworden sind. Wir sind, wie wir sind – mit allen positiven und negativen Begleiterscheinungen. Präziser ausgedrückt, lassen sich bei Menschen, die ihre Kinder- und Jugendzeit hinter sich haben, zwei verschiedene Verhaltensmuster voneinander unterscheiden, nämlich ein »inneres« und ein »äußeres Verhalten«. Mit »innerem Verhalten« meine ich unsere Gedanken- und Gefühlswelt, mit »äußerem Verhalten« die Art und Weise, wie wir anderen Menschen gegenübertreten. Die Diskrepanz zwischen innerem und äußerem Verhalten ist oft beträchtlich. Mitunter besteht auch Übereinstimmung zwischen dem, was wir denken und fühlen, und dem, was wir der Umwelt durch unseren sprachlichen und körperlichen Ausdruck mitteilen. Sowohl das innere als auch das äußere Verhalten haben eine konstruktive und eine selbstdestruktive Seite, die immer auch für die Menschen destruktiv ist, die uns nahe stehen.

Die meisten von uns sind unreif, wenn wir feste Partnerschaften eingehen oder Familien gründen. Unreif nicht im Sinne von »kindlich« oder als Kritik verstanden, sondern als Feststellung, dass wir uns noch nicht gut genug kennen und zu wenig Einsicht in die beiden Arten unseres Verhaltens haben – die konstruktive und selbstdestruktive. Der Reifungsprozess nimmt erst Form und Geschwindigkeit an, wenn wir neue verpflichtende Beziehungen eingehen.

Ungeachtet von welcher Art Familie wir reden: Das Schlüsselwort heißt Beziehung. Ihre Qualität entscheidet über unser Wohlbefinden und unsere Entwicklung als Mensch. Erwachsene Partner verkümmern nicht, weil etwas mit ihnen selbst oder dem anderen nicht in Ordnung ist; genauso wenig wie Kinder verkümmern, weil sie schlechte Eltern haben. Wir verkümmern, wenn das, was zwischen uns passiert, nicht die richtigen Elemente oder *Qualitäten* enthält, wie ich sie lieber nennen möchte – gleichgültig ob die konstruktiv oder destruktiv sind. Eine der wichtigsten Qualitäten ist Gleichwürdigkeit.

Gleichwürdigkeit bedeutet weder Ebenbürtigkeit noch Gleichheit. Eben*bürtigkeit* bedeutete ursprünglich »von gleicher Geburt«, wird heute jedoch etwa im Sinne von »gleich stark« verwendet. Gleichheit hingegen ist auch ein politischer Begriff, der in Formulierungen wie »Gleichheit vor dem Gesetz« oder »Gleichstellung« (der Geschlechter) zum Ausdruck kommt. Gleichwürdigkeit bedeutet nach meinem Verständnis sowohl »von gleichem Wert« (als Mensch) als auch »mit demselben Respekt gegenüber der persönlichen Würde und Integrität des Partners«.

In einer gleichwürdigen Beziehung werden die Wünsche, Anschauungen und Bedürfnisse beider Partner gleich ernst genommen und nicht mit dem Hinweis auf Geschlecht, Alter oder Behinderung abgetan oder ignoriert. Gleichwürdigkeit wird damit dem fundamentalen

Bedürfnis aller Menschen gerecht, gesehen, gehört und als Individuum ernst genommen zu werden.

Damit ist Gleichwürdigkeit die einzige vernünftige Alternative zum überkommenen patriarchalischen Familienmodell mit seiner klaren Hierarchie: der Mann und Vater an der Spitze, danach die Frau und Mutter, schließlich die Kinder. Diese Familie spiegelte die Machtverteilung innerhalb der Gesellschaft wider. Doch wie in der Gesellschaft ging es nicht allein um Macht, sondern um Fürsorge. Der Mann war der Versorger der Familie – Geld und Macht hängen ja bekanntlich eng zusammen –, wohingegen der Frau die Versorgung der Kinder, des Haushalts und der übrigen Familienmitglieder oblag. Wenn diese Familie optimal funktionierte, dann als harmonischer, aufgeklärter Absolutismus. Doch je mehr die Frauen an Ausbildung, Arbeit und Geld partizipierten, desto stärker forderten sie natürlich auch einen Teil der Macht sowie eine gerechtere Aufteilung der Fürsorgetätigkeiten. Es sollte sich rasch erweisen, dass dies kein leichtes Unterfangen ist.

Die Reorganisation der Familie geschah in derselben Zeit, in der die Bürger der westeuropäischen Demokratien gegen die althergebrachten Autoritäten aufbegehrten, umfangreichere Mitspracherechte und eine größere Transparenz der öffentlichen Verwaltung forderten. Daher betrachtete man die demokratischen Werte eine Zeit lang als brauchbare Alternative zum aufgeklärten Absolutismus der Familien, aber das war ein Irrtum. Die demokratischen Werte bilden zwar eine Art Resonanzboden für menschliche Beziehungen, doch regeln sie ausschließlich die Verteilung der Macht und tragen weder den Gefühlen noch der Fürsorge Rechnung, die der Familie ihre Bedeutung verleihen. In der Gesellschaft hat die Mehrheit die Macht, und die Fürsorgeaufgaben (Sozial- und Gesundheitssektor) haben einen deutlich niedrigeren Stellenwert als die Versorgungsaufgaben (Erwerbsleben). In der Familie muss im selben Maße auf die Minderheit geachtet werden. Umgekehrt kann eine Familie nicht zufriedenstellend funktionieren, wenn die Macht an die Mehrheit delegiert wird – vor allem nicht, wenn die Kinder die Minderheit bilden. In einer Familie liegt die Macht in den Händen der Eltern – sowohl die konkrete ökonomische als auch die soziale Macht, insbesondere aber die psychologische Macht, das heißt die Verantwortung für den Umgangston, die Stimmung, die Atmosphäre. In einer Familie, in der diese Verantwortung den Kindern überlassen wird, entwickeln sich deren Mitglieder nur schlecht.

Moderne Eltern fühlen sich oft unwohl bei dem Gedanken, Macht über ihre Kinder zu besitzen, und scheuen sich daher, von ihr Gebrauch zu machen – mit unglückseligen Folgen. Kinder kommen gewiss mit großer Weisheit, doch ohne Erfahrung auf die Welt, und sie bedürfen der Autorität und Führungskraft der Erwachsenen. In diesem Punkt gleichen Familien durchaus anderen Organisationen: Es hemmt das Wohlergehen aller und senkt die Produktivität, wenn die Inhaber der Macht so tun, als hätten sie diese nicht.

> Die Frage ist daher nicht, *ob* die Erwachsenen die Macht besitzen, sondern *wie* sie diese zu nutzen gedenken, und an dieser Stelle erweist sich die Gleichwürdigkeit als die konstruktivste aller Wertvorstellungen.

Wer seine Familienmitglieder gleichwürdig behandelt, entscheidet nicht über ihre Köpfe hinweg, bevormundet nicht, unterdrückt nicht, macht niemanden lächerlich, doch mit Nettigkeit oder Gelassenheit hat dies nichts zu tun. Wir können andere ohne weiteres gleichwürdig behandeln, auch wenn wir wütend oder unglücklich sind. Nur zwei Gefühle sind es, die uns daran hindern, Gleichwürdigkeit zu praktizieren, und zwar (unsere eigene) Abscheu und Verachtung.

Die Macht der Sprache

Gleichwürdigkeit erkennt man vor allem an der Sprache. In einem gleichwürdigen Dialog bringen beide Gesprächspartner ihre Gedanken, Wertvorstellungen, Gefühle, Träume und Ziele zum Ausdruck, anstatt zu theoretisieren oder über den anderen hinweg zu sprechen.

Viele Leser werden jetzt wahrscheinlich denken: »Alles schön und gut, aber es ist doch unmöglich, dies ständig zu praktizieren. So ist der Mensch einfach nicht!« In gewisser Weise ist das richtig. Im Grunde sind wir irrationale Wesen, die voll von Neid, Eifersucht, Egozentrik, Minderwertigkeitsgefühlen, Arroganz und Größenwahn stecken. Das Problem ist, dass jede einzelne dieser Eigenschaften die Beziehung zu einem anderen Menschen zerstören kann. Diese inneren Anteile kämpfen gleichsam mit einer anderen Seite unserer menschlichen Natur, die den unausweichlichen Drang besitzt, Teil einer Gemeinschaft zu sein.

Ein Umstand, der uns dabei helfen kann, diese destruktiven Kräfte in den Griff zu bekommen, ist das Leben in einer Familie, die Gleichwürdigkeit praktiziert. Dies trägt auch dazu bei, unser Selbstvertrauen zu stärken, und mit einem gut entwickelten Selbstvertrauen fällt es sehr viel leichter, eine konstruktive Rolle in der Gemeinschaft zu spielen.

Beispiele

Janus (drei Jahre): »Mama, ich hab Hunger!«

Mutter: »Was für ein Unsinn! Wir haben erst vor einer Stunde gefrühstückt. Du kannst doch nicht schon wieder Hunger haben.«

Ein typisches Beispiel mütterlicher Fürsorge der bevormundenden, diktatorischen Art. Es folgen ein paar gleichwürdige Antwortmöglichkeiten:

»Das ist ja unglaublich! Wir haben doch gerade erst gegessen. Bist du wirklich hungrig?«

»Hast du deinen Magen gefragt? Hat er das wirklich gesagt? Frag ihn doch noch mal.«

»Das ging aber schnell! Ich gebe dir erst in zwei Stunden wieder was zu essen. Dein Appetit ist so groß geworden, dass es nicht gut für dich ist. Wir müssen etwas dafür tun, dass er wieder kleiner wird. Lass uns nach einer anderen Beschäftigung suchen, damit dein Magen sich nicht andauernd meldet.«

»Na, du hast ja vielleicht einen Appetit! Was willst du essen?«

»Ach, du meine Güte! Ich hab gerade wahnsinnig viel um die Ohren. Kannst du ein bisschen warten? Dann mache ich dir was zu essen, nachdem ich die Wäsche zusammengelegt habe.«

Ein anderer Fall: Eine Dänin, die mit einem Franzosen verheiratet ist und in Frankreich lebt, ist empört über die Anwendung physischer Gewalt in französischen Familien und Betreuungseinrichtungen. Sie versucht mit ihrem Mann darüber zu reden, doch dieser hat das Gefühl, sein Land, seine Eltern und seine Kultur verteidigen zu müssen. Der Konflikt entwickelt sich so dramatisch, dass sie keinen anderen Ausweg mehr sieht, als mit ihren Kindern nach Dänemark zu ziehen.

Eine unglückliche Entwicklung, und beide Partner werden der Meinung sein, der andere habe seine Macht missbraucht. Der Begriff der Gleichwürdigkeit bedeutet für eine gemischte Ehe wie diese, dass die Familie weder französisch noch dänisch ist. Beiden Partnern ist die Möglichkeit verwehrt, einfach das Leben ihrer Ursprungsfamilien zu kopieren. Sie müssen hingegen einen neuen Familientypus mit transkulturellen Werten kreieren. Oft entstehen dabei Situationen, die es erforderlich machen, vertraute Wertvorstellungen zugunsten übergeordneter Aspekte aufzugeben. In diesem Zusammenhang gibt es zwei vordringliche Aufgaben, nämlich die Wahrung der Gleichwürdigkeit und der persönlichen Integrität. Gewalt gegen Kinder oder Erwachsene mag in vielen Kulturen verwurzelt sein; das macht sie für deren Opfer aber nicht minder destruktiv und entwürdigend. Traditionelle Wertvorstellungen müssen in diesem Fall weichen.

Ein solcher Konflikt muss sich nicht unbedingt an der Gewaltanwendung gegenüber Kindern entzünden. Er hätte sich ebenso gut in einer rein dänischen oder französischen Familie abspielen und davon handeln können, dass ein Elternteil mit den Bedingungen im Kindergarten unzufrieden ist, während der andere nichts Schlechtes daran entdecken kann. Hier käme dem zufriedenen Partner die Aufgabe zu, sich an der Suche nach einer gemeinsamen Lösung zu beteiligen, mit der beide leben können. Nicht aus künstlicher oder vorgeblicher Sorge um das Kind heraus, sondern um dem Partner seine Anteilnahme zu zeigen und dessen Gleichwürdigkeit zu wahren. (*Daran* ist die dänisch-französische Familie gescheitert, nicht an den kulturellen Unterschieden in der Kindererziehung.)

Wenn zwei Menschen eine Liebesbeziehung eingehen, ist diese Beziehung ihr erstes gemeinsames »Kind«, und wenn diese Beziehung nicht von grundlegender Übereinstimmung der Wertvorstellungen getragen wird, ist es unmöglich, diese an die biologischen Kinder weiterzugeben.

Sie: »*Ich hab keine Lust mehr, immer 80 Prozent der Hausarbeit übernehmen zu müssen. So hatten wir das nicht verabredet, und ich finde es verdammt ignorant von dir, einfach zu erwarten, dass ich immer alles erledige.*«

Er: »*Das mit den 80 Prozent stimmt überhaupt nicht. Ich tue doch, was ich kann. Außerdem habe ich noch meinen Job und muss mich ab und zu schon ein bisschen erholen dürfen.*«

Sie: »*Habe ich etwa keine Erholung nötig? Ich habe schließlich auch einen Job und muss mich noch dazu die meiste Zeit um die Kinder kümmern. Wann soll ich denn mal abschalten? Kannst du mir das sagen?*«

Er: »*Ich weiß, wie überlastet du bist, aber ich weiß nicht, was wir dagegen tun sollen. Vielleicht sollten wir uns eine Putzhilfe leisten, so wie Helle und Robert. Ihnen hat das sehr geholfen.*«

Sie: »*Du weißt nicht, was wir dagegen tun sollen? Du musst nur deinen Arsch hochkriegen und endlich deinen Teil der Arbeit erledigen. So einfach ist das. Oder willst du etwa auch noch eine Köchin, ein Kindermädchen und einen Gärtner anstellen? Ist das hier eine Familie oder eine Firma? Darüber könntest du mal nachdenken, während du dich entspannst!*«

*Er: »Warum musst du eigentlich immer alles übertreiben? Ich
habe nur versucht, einen konstruktiven Vorschlag zu machen.
Du bist es doch, die so unzufrieden ist.«*

Dieser Streit lässt jede Form von Gleichwürdigkeit vermissen, sowohl in der Art als auch dem Thema der Auseinandersetzung. Sie beklagt sich und kritisiert ihren Partner, anstatt zu sagen, was sie will. Ein unwürdiges Verhalten. Er rechtfertigt sich, anstatt zu antworten, was ebenso würdelos ist.

Es geht um die praktische Aufgabenverteilung in der Familie. Seit der partiellen Auflösung der klassischen Rollenverteilung besteht weitgehende Einigkeit darin, dass die Erwachsenen die anfallenden Aufgaben in etwa zu gleichen Teilen unter sich aufteilen – vor allem wenn beide berufstätig sind. Doch in Wahrheit sind beide Geschlechter immer noch in erheblichem Ausmaß der traditionellen Rollenverteilung verhaftet: der Mann als Ernährer der Familie, dem die Frau im Gegenzug Service, Ruhe und Erholung gewährt. Sie kümmert sich um Essen, Kinder und Haushalt und ist zudem für alles verantwortlich, was die Stimmung und Atmosphäre daheim betrifft. Wie ich in einem späteren Kapitel zeigen werde, ist gerade Verantwortung eine sehr komplizierte Kategorie, die sich nicht in ein Schema pressen lässt. Solange wir historisch belastet sind, so wie das streitende Paar, sollte der Mann sich in einer Partnerschaft zumindest dafür verantwortlich fühlen, dass er genug zu essen bekommt, anständig gekleidet ist und die notwendigen hygienischen Maßnahmen trifft. Die Frau hingegen sollte es mit der Fürsorge nicht übertreiben und nicht mehr zu leisten versuchen, als sie wirklich bewältigen kann. In der vermutlich langen Übergangsphase sollten sich beide darauf einigen, dass jeder für sich selbst sorgt. Falls jemand täglich einkauft, das Essen zubereitet oder die Verantwortung für Waschen und Bügeln übernimmt, sollte dies nicht als Selbstverständlichkeit oder stillschweigender Kuhhandel, sondern als Geschenk an die Gemeinschaft betrachtet werden. Unter dieser Prämisse wären zwei alternative Versionen des vorigen Streits denkbar:

Mögliche Alternative A

Sie: »*Ich muss dir sagen, dass ich einen sehr viel größeren Teil der praktischen Arbeiten in unserer Familie übernehme, als ich eigentlich bewältigen kann. Das führt bei mir zu permanenter Unzufriedenheit. Deshalb möchte ich mit dir darüber reden, wie wir die Aufgaben zukünftig aufteilen können.*«

Er: »*Aber ich tue doch wirklich, was ich kann ...*«

Sie: »*Ich sage ja nicht, dass du zu wenig tust, sondern dass ich zu viel tue. Darum möchte ich, dass wir eine gemeinsame Lösung finden.*«

Er: »*Und wie soll die aussehen?*«

Sie: »*Das weiß ich noch nicht. Am besten, wir denken beide ein paar Tage lang nach. Dann setzen wir uns hin und vergleichen unsere Lösungsvorschläge. Ansonsten, fürchte ich, wird die Lösung des Problems allein an mir hängen bleiben.*«

In dieser Version übernimmt die Frau Verantwortung und wahrt die Gleichwürdigkeit des Partners, indem sie auf einen anklagenden oder demütigenden Ton verzichtet. Der Mann hingegen befindet sich in der Defensive, ist passiv und lässt keinerlei Bemühen erkennen, ihr Wohlergehen und die Qualität ihrer Partnerschaft zu berücksichtigen. Sein mangelndes Engagement in Bezug auf die Erfordernisse des Alltags spiegelt sich in der Passivität seiner Gesprächsführung. Ungeachtet, ob dies seinem Wesen entspricht oder ob er sich nur passiv verhält, wenn es um Kochen und Abwasch geht, gibt sie ihm die Möglichkeit, seine Würde wiederzuerlangen, indem sie ihm Zeit lässt, eigene Lösungsvorschläge zu formulieren. Zunächst scheint es vernünftig, einer Wiederherstellung ihrer Gleichwertigkeit den Vorzug vor dem tatsächlichen Erfordernis des Abwaschs einzuräumen – jedenfalls für eine kurze Zeit.

Mögliche Alternative B

Sie: »Ich muss dir sagen, dass ich einen sehr viel größeren Teil der praktischen Arbeiten in unserer Familie übernehme, als ich eigentlich bewältigen kann. Das führt bei mir zu permanenter Unzufriedenheit. Deshalb möchte ich mit dir darüber reden, wie wir die Aufgaben zukünftig aufteilen können.«

Er: »Darüber war ich mir nicht im Klaren ... ehrlich gesagt, hatte ich das gar nicht bemerkt. Was kann ich tun?«

Sie: »Im Moment kannst du nur mit mir darüber reden. Später müssen wir uns dann auf irgendein neues Arrangement einigen. Ich kann gut verstehen, dass du es gar nicht bemerkt hast, denn ich habe ja lange einfach alles stillschweigend erledigt, bis ich merkte, dass ich begann, mich über alle möglichen Kleinigkeiten bei dir aufzuregen.«

Er: »Das ist mir natürlich aufgefallen!«

Sie: »Ich will aus unserer Familie kein Unternehmen machen, in dem alles bis aufs Letzte geregelt ist, aber ich neige nun mal dazu, alle Verantwortung an mich zu reißen und mich später im Stich gelassen zu fühlen. Das ist sicher ein Fehler und *macht unsere Beziehung kaputt. Du musst mir einfach helfen, davon runterzukommen, und im Gegenzug selbst mehr Verantwortung übernehmen. Das ist die einzige Lösung, die ich derzeit sehe.«*

Er: »Ich finde das nicht einfach, vor allem, weil du so unglaublich schnell bist – und in der Firma bin ich extrem gefordert ...«

Sie: »Das weiß ich sehr gut. Aber die Verantwortung für die Familie wird ja nicht dadurch geringer, dass man beruflich so viel um die Ohren hat. Jedenfalls bin ich nicht bereit, so weiterzumachen wie bisher, und bitte dich deshalb um einen Vorschlag, wie wir die Aufgaben künftig verteilen wollen. Ich will hier zu Hause doch nicht den Arbeitgeber spielen.«

Er: »Du bist also nicht bloß ein bisschen erschöpft. Du meinst es ernst?«

Sie: »Ja.«

In dieser Version ist die Gleichwürdigkeit gewahrt. Sie hat die Verantwortung für ihre eigene Situation übernommen und auf die gemeinschaftlichen Bedürfnisse aufmerksam gemacht. Er hat seine Karten auf den Tisch gelegt, und die Zeit wird erweisen, inwieweit er sein Verantwortungsgefühl und seine Fürsorge mobilisieren kann. Mit anderen Worten: Dies war ein Gespräch unter Gleichwürdigen, ein persönlicher Dialog und keine Streiterei. In einem persönlichen Dialog argumentieren beide Partner aus ihrem individuellen Blickwinkel. Der persönliche Dialog hat zwei Qualitäten: Er berücksichtigt die Beziehung der beiden Partner und ver-

Verantwortung für die eigene Situation übernehmen, über sich selbst, nicht über den anderen sprechen, kreativ nach Lösungen suchen.

tieft diese. Außerdem sorgt er für größtmögliche Kreativität bei der Suche nach Lösungen und Perspektiven. Streit hingegen belastet die Beziehung und steht gemeinsamen Lösungen im Wege. Ein Streit entsteht, wenn die Parteien nicht für sich, sondern über den anderen sprechen, und endet stets damit, dass es einen Gewinner und einen Verlierer gibt. Für den Gewinner kann dies ein angenehmer Zustand sein, doch handelt es sich in der Regel um einen labilen und kurzfristigen Waffenstillstand. Eine Diskussion, die sich ausschließlich auf das »Thema« konzentriert, aber die persönlichen Aspekte außer Acht lässt, greift zu kurz, denn die persönlichen Aspekte sind, von wenigen Ausnahmen abgesehen, in Liebesverhältnissen stets von entscheidender Bedeutung.

Pia (12 Jahre): »Mama, ich will meine Augenbraue piercen, ganz unauffällig, so wie Marlene ...«

Mutter: »Das kommt überhaupt nicht in Frage! Du bist viel zu jung, um die Folgen zu überblicken. Außerdem sieht das scheußlich aus. Ich verstehe nicht, wie Marlenes Eltern das erlauben konnten.«

Pia: »Können wir denn nicht mal darüber reden? Wir können auch warten, bis Papa nach Hause kommt.«

Mutter: »Da gibt es nichts zu bereden, Pia, das habe ich doch schon gesagt. Und Papa ist heute Abend auf einer Veranstaltung, das kannst du also vergessen. Man muss den anderen nicht immer alles nachmachen.«

Pia: »Warum können wir denn nicht darüber reden? Und was ist eigentlich mit deiner Tätowierung? Die hat man dir erlaubt, als du jung warst.«

Mutter: »Da war ich siebzehn und musste mir keine Erlaubnis mehr holen. Außerdem habe ich diese Tätowierung später oft bereut. Du bist für so etwas nicht reif genug, basta!«

Pia: »Herrgott, bist du altmodisch!«

Mutter: »Sei nicht so frech zu deiner Mutter! Jetzt geh in dein Zimmer und mach deine Hausaufgaben, bis es Abendbrot gibt!«

Pia: »Wollte ich sowieso. Da habe ich jedenfalls meine Ruhe!«

Kein besonders geglücktes Gespräch. Am Ende hat die Mutter »gewonnen«, und dennoch haben beide verloren. Vielleicht wird Pia sich ihr Piercing mit der Zeit erkämpfen, vielleicht wird sie es ohne Erlaubnis ihrer Eltern tun oder darauf verzichten, aber das ist nicht wichtig. Wichtig ist, dass ihr Verhältnis zur Mutter Schaden genommen hat, weil diese Pia mit ihrer Meinung zu Piercings förmlich überrollt hat. Das wird Pia möglicherweise davon abhalten, andere Teenagerwünsche und -träume, Gedanken und Erlebnisse mit ihrer Mutter zu teilen. Achten Sie im Übrigen darauf, wie ausgiebig die Mutter von *dem* Gebrauch macht, was wir als ihre »erwachsene Definitionsmacht« bezeichnen, das heißt, ihre Macht, das Kind zu definieren, es mit einem Stempel zu versehen (Pia sei »zu jung«, »nicht reif genug«, »frech«). Das ist wohl die häufigste und destruktivste Art, die Integrität des Kindes zu verletzen. Sie ist auch in der Partnerschaft gang und gäbe – mit ebenso verheerender Wirkung für die Qualität der Beziehung.

Pias Mutter besitzt offenbar keine Einsicht in ihr Verhalten und ist mit einem moralischen Urteil und einer Strafe schnell bei der Hand, während es ihr die Tochter schließlich mit gleicher Münze heimzahlt: »Bist du altmodisch!«

Die gleichwürdige Alternative:

Pia: »Mama, ich will meine Augenbraue piercen, ganz unauffällig, so wie Marlene ...«

Mutter: »Oh, nein, ich hatte eigentlich gehofft, dass du diesen Wunsch niemals äußern würdest.«

Pia: »Ach, Mama! Marlenes Eltern haben es auch erlaubt. Sag einfach ja, dann bist du ein Schatz! Es ist gar nicht teuer, und ich werde es selbst bezahlen.«

Mutter: »Komm, wir setzen uns hin und reden in Ruhe darüber. Dass Marlenes Eltern es erlaubt haben, ist doch kein Argument. Warum willst du eigentlich ein Piercing haben?«

Pia: »Ganz einfach, weil's cool ist. Verstehst du das nicht?«

Mutter: »Doch, das kann ich verstehen ... wenn ich mir Mühe gebe. Aber › cool ‹ reicht mir als Grund nicht aus.«

Pia: »Aber wenn ich so gerne will! Alle haben doch heute ein Piercing.«

Mutter: »Dass du sein willst wie die anderen kann ich gut nachvollziehen, aber normalerweise hast du doch auch eine eigene Meinung zu solchen Dingen. Und die würde ich gern erfahren.«

Pia: »Aber, Mama, Marlene hat ihr Piercing erst gestern bekommen. Über so was denkt man doch nicht ewig nach. Darauf hat man einfach Lust, kannst du das nicht verstehen?«

Mutter: »Doch, das kann ich, aber ich habe eben keine Lust, dir so einfach die Erlaubnis zu geben, wenn du keine besseren Argumente hast. Denk noch mal darüber nach. Ich rede in der Zwischenzeit mit Papa, dann sehen wir weiter.«

Pia: »Wann denn?«

Mutter: »*Das kann ich dir nicht genau sagen. Jedenfalls nicht morgen oder übermorgen.*«

Pia: »*Ich kapier einfach nicht, warum Erwachsene immer über alles so lange nachdenken müssen.*«

Mutter: »*Tja, daran musst du dich gewöhnen. So sind wir nun mal.*«

Es geht nicht darum, ob Pia schließlich die Erlaubnis bekommt oder nicht. Wichtig ist, dass hier ein Dialog geführt wird, in dem jeder den anderen ernst nimmt und ihm zuhört. Darum muss Pia sich eine gute Begründung einfallen lassen und die Mutter ihren spontanen Widerwillen überwinden. Vielleicht werden sie noch mehrere Gespräche über dieses Thema führen. Sollte die endgültige Antwort »Nein« lauten, wird Pia sicher enttäuscht und vielleicht auch böse auf ihre Eltern sein, aber es ist dabei kein Schaden für ihre Beziehung entstanden. Es ist nur ein beliebiges Beispiel dafür, dass in einer Familie jeder seinen Willen artikulieren können muss, es aber keine Garantie dafür gibt, dass diesem auch entsprochen wird. Dabei besteht prinzipiell kein Unterschied, wer welchen Wunsch äußert. Die Zweijährige wünscht sich eine Eiswaffel, der Vater will seine Ruhe, die Mutter möchte umworben werden, und der Neunzehnjährige will seine Eltern dazu bewegen, für einen Kredit zu bürgen, weil er sich ein Auto kaufen will. Die Sache an sich hat mit der Qualität des Entscheidungsprozesses nichts zu tun. Die Qualität liegt in der Bedeutung, die dem Fragenden beigemessen wird. Qualität und Quantität sind nicht dasselbe.

> Wir müssen nicht auf alle Wünsche eingehen – trotzdem können wir den anderen und seine Wünsche ernst nehmen.

Gleichwürdigkeit

Kim (zwei Jahre): »*Papa, darf ich ein Eis?*«

Vater: »*Nein, darfst du nicht.*«

Kim: »*Ich will aber!*«

Vater: »*Das höre ich, und es ist auch okay, dass du willst, du kriegst aber trotzdem keins.*«

Kim: »*Doofer Papa!*«

Papa: »*Dann bin ich eben ein doofer Papa, aber es bleibt dabei.*«

Die Gleichwürdigkeit dieses Dialogs liegt vor allem in dem, was nicht gesagt wird, zum Beispiel:

»*Du hast heute schon genug Eis gehabt!*« (Erwachsene Definitionsmacht)

»*Ich habe Nein gesagt, und jetzt hör auf zu quengeln!* (Ich traue mich nicht, offen Nein zu sagen, also kritisiere ich dich dafür, dass du offen deinen Wunsch aussprichst.)

»*Wenn du brav bist, gibt's heute Abend vielleicht Eis zum Nachtisch.*« (Ich traue mich nicht, offen Nein zu sagen, also benutze ich ein billiges Ablenkungsmanöver.)

»*Du willst und willst und willst. Glaubst du etwa, wir kriegen immer alles, nur weil wir sagen:* › *Ich will!*‹ *? So läuft das nicht, mein Freund!*« (In dieser Familie muss man vorsichtig sein mit dem Äußern seiner Wünsche. Sonst riskiert man, abqualifiziert zu werden.)

Im Leben einer Familie gibt es unzählige kleine und große Entscheidungen zu treffen. Viele der kleinen können wir problemlos demjenigen Elternteil überlassen, der sich in der konkreten Situation befindet, und vielleicht später mit diesem darüber reden. Aber die großen Entscheidungen

39

müssen die Erwachsenen gemeinsam treffen und vielleicht ihre Kinder in den Entscheidungsprozess mit einbeziehen, wenn diese älter als vier, fünf Jahre alt sind und die Entscheidung große Auswirkungen auf ihr Leben hat. Zum Beispiel:

* Auf welche Schule sollen die Kinder gehen?
* Sollen Vater oder Mutter das Angebot annehmen, beruflich für vier Jahre ins Ausland zu gehen; und wenn ja, soll die ganze Familie mit umziehen?
* Soll ein Elternteil seine Arbeitszeit reduzieren, um sich mehr um die Kinder kümmern zu können?
* Ein Elternteil will sich beruflich fortbilden, was mit einem erheblichen zeitlichen und finanziellen Aufwand verbunden ist.
* Der Vater möchte ein weiteres Kind, die Mutter ist sich nicht sicher.
* Das Verhältnis zur Großmutter ist kompliziert geworden. Was können wir tun?
* Sollen wir einen Kredit aufnehmen, um uns den Traum eines eigenen Ferienhauses zu erfüllen, oder sollen wir warten, bis wir genug eigenes Geld haben?
* Großvater ist gestorben. Sollen die Kinder am Begräbnis teilnehmen oder sind sie dafür zu jung?
* Der Schulpsychologe meint, dass bei unserem Sohn eine ernste Störung vorliegt. Was sollen wir tun?
* Wir haben beschlossen, uns scheiden zu lassen. Was geschieht mit den Kindern?

Am besten werden solche schwerwiegenden Entscheidungen getroffen, indem beide Gesprächspartner *für* sich und *über* sich sprechen. Sie sollten versuchen, ihre Argumente, ihren Zweifel, ihre Träume und Vorbehalte zu formulieren – kurz gesagt: über alles reden, was von dieser Entscheidung berührt wird. Und *was* alles berührt wird, wissen wir erst, wenn wir uns »leer« fühlen, wenn alles gesagt ist. Darum dauert der Entscheidungsprozess genau *so* lange, bis beide Seiten diesen Punkt erreicht haben. Im günstigsten Fall sind das ein paar Tage, aber es können auch Wochen und Monate vergehen. Das ist eine lange Zeit – aber nur ein Bruchteil der Zeit, die wir ansonsten aufbringen müssen, um über einen überhasteten Beschluss zu streiten oder dessen Konsequenzen zu tragen.

Der Entscheidungsprozess und die Qualität der Lösung wird nachhaltig beeinträchtigt, wenn sich die Gesprächspartner nicht an die Spielregeln halten, nämlich *für* und *über* sich zu sprechen. Es nutzt nichts, die Gedanken, Gefühle und Erfahrungen des anderen zu kritisieren. Man soll im eigenen Interesse argumentieren, aber nicht gegen den anderen. Je mehr Energie wir darauf verwenden,

> Für sich selbst argumentieren, nicht gegen den anderen: die beste Voraussetzung dafür, dass es am Ende keine Verlierer gibt.

unsere Gefühle und Standpunkte zu verteidigen, desto geringer wird unsere Kreativität und Flexibilität, und das Ganze droht, zu einem Machtkampf zu werden.

Wenn dieser Prozess auf ernsthafte Weise durchgeführt wird, ergibt sich die Lösung des Problems oft ganz von allein, oder aber das Paar entscheidet sich für die ursprüngliche Initiative des einen, ohne dass sich der andere deswegen übergangen und als Verlierer fühlen muss.

Bewusste Gegenseitigkeit

Eine der herausragenden Qualitäten der Gleichwürdigkeit – auch zwischen Erwachsenen und Kindern – besteht darin, dass sie den Nährboden für *Gegenseitigkeit* bereitet. Nun ist es zwar so, dass im Grunde jede Familie von Gegenseitigkeit geprägt wird, weil die Familie ein menschliches System ist, das gewissen systemischen Gesetzmäßigkeiten unterworfen ist: schon allein dadurch, dass alle innerhalb des Systems permanent aufeinander einwirken, da sie Teil derselben Gemeinschaft sind.

Ich spreche jedoch von einer bewussten Gegenseitigkeit, die bedeutet, dass alle jederzeit willens sind, voneinander zu lernen und sich durch diese Wechselwirkung weiterzuentwickeln. Wir lernen zum Beispiel in erheblichem Maß aus der Reaktion unserer Kinder, wie wir uns am konstruktivsten mit ihnen auseinandersetzen können. Bei Säuglingen sind Eltern zu diesem Verhalten gezwungen, das sie später oft außer Acht lassen. Das ist eine Schande, denn wenn das Kind ein paar Jahre alt ist, sollten wir genau dies tun: weiterhin etwas über das Kind und damit über uns selbst lernen.

An früherer Stelle in diesem Buch habe ich bereits davor gewarnt, im Umgang mit Kindern zu »generellen« Methoden zu greifen. Eine der wichtigsten Gründe dafür ist, dass Methoden das Prinzip der *Gegenseitigkeit* nicht kennen oder unmöglich machen. Lassen Sie uns einen Blick auf die so genannte 5-Minuten-Methode werfen, die in regelmäßigen Abständen ins Spiel gebracht wird, um kleine Kinder zum Schlafen zu bewegen. Die Methode besteht darin, dass ein Elternteil das übliche Gute-Nacht-Ritual mit dem Kind durchführt, ihm einen liebevollen Kuss gibt, »Gute Nacht, jetzt schlaf schön« sagt und darauf das Kinderzimmer verlässt. Wenn das Kind nicht schlafen will und lauthals protestiert, stellt man die Stoppuhr und wartet fünf Minuten, bevor man wieder ins Kinderzimmer geht und erneut sagt: »Gute Nacht, jetzt schlaf schön.« Man verlässt das Zimmer, wartet weitere fünf Minuten und so weiter und so fort, bis das Kind so erschöpft ist, dass es einschläft.

Diese und ähnliche Methoden haben ihre Wurzeln in der Verhaltenspsychologie und entbehren jeglicher Gegenseitigkeit. Es handelt sich dabei um eine einseitige Strategie, mit der die Erwachsenen (die Machthaber) die Kinder (die Machtlosen) traktieren, um ein einziges Ziel zu erreichen: dass die Kinder lernen, auf Kommando einzuschlafen. Es ist gleichzeitig eine Methode,

> Ziel erreicht, Beziehung beschädigt: Viele »Erziehungsmethoden« gleichen einer Dressur, die die Beziehung zwischen Eltern und Kinder außer Acht lässt.

die sich nicht um das Verhältnis zwischen den Familienmitgliedern, die Wertvorstellungen der Eltern oder die Integrität des Kindes schert. Sie hat auch nichts mit Erziehung oder Zusammenarbeit zu tun, sondern ist eine Art Dressur. Dressur funktioniert übrigens tatsächlich bei Kindern, wenn die Erwachsenen konsequent, zielgerichtet und beharrlich genug sind. Tausende von Eltern haben diese Methode ausprobiert, und zum Lob vieler muss gesagt werden, dass sie auf halbem Weg aufgegeben haben.

Die Alternative zu dieser Methode besteht darin, sich eingehender mit sich selbst, dem Kind und den Bedingungen zu beschäftigen, die diese wechselseitige Beziehung prägen. Hier ein paar Beispiele:

Gleichwürdigkeit

*Ich lernte die junge Mutter einer zweijährigen Tochter ken-
nen. Sie hatte zuvor erwähnt, mit mir auch über ein Thema
sprechen zu wollen, das sie die »Schlafprobleme unserer
Tochter« nannte. Leider blieb uns nur wenig Zeit für dieses
Thema, genauer gesagt, die letzten fünf Minuten. Die Situation war klassisch: Einer der Eltern legte das Kind zu einem bestimmten Zeitpunkt ins Bett, doch dauerte es stets drei bis vier
Stunden, bevor es endlich einschlief, und das geschah dann oft
zwischen den Eltern auf dem Sofa.*

*Im Laufe der vielen Gespräche, die wir miteinander führ-
ten, gewann ich den Eindruck, dass es sich um ein typisch mo-
dernes Elternpaar handelte, das heißt, sie waren sich ihrer Elternrolle sehr bewusst, richteten ihre volle Aufmerksamkeit
auf die Wünsche und Bedürfnisse ihrer Tochter und versuchten Konflikte weitestgehend zu vermeiden. Ein wenig nach
dem Motto: Dies ist nicht nur ein Kind, sondern der Beginn eines neuen und besseren Menschengeschlechts.*

*Daher schlug ich der Mutter vor, dass sie und ihr Mann
einmal in Ruhe darüber nachdenken sollten, was das Wichtigste war, das sie ihrer Tochter geben wollten. Ein paar Wochen später rief mich die Mutter an und sagte: »Ich habe Ihnen noch gar nicht erzählt, dass meine Mutter psychisch
krank war und starb, als ich zehn Jahre alt war, und dass ich
kaum eine richtige Beziehung zu ihr habe aufbauen können.
Mein Mann verlor seinen Vater im Alter von vier Jahren, und
ohne dass wir je richtig darüber gesprochen hätten, haben
wir festgestellt, dass es uns vor allem darauf ankommt, möglichst viel für unsere Tochter da zu sein und ihr so viel Aufmerksamkeit und Liebe zu geben wie irgend möglich. Nachdem wir das formuliert hatten, stellten wir plötzlich fest,
dass dieses Projekt sehr selbstbezogen ist und die Wünsche
und Bedürfnisse unserer Tochter kaum berücksichtigt. Seit*

diesem Abend schläft unsere Tochter immer rasch ein, nachdem wir sie hingelegt haben.«

Weil diese Eltern keine bestimmte Methode anwandten, lernten sie etwas Wichtiges über sich selbst und ihr Verhältnis zu ihrer Tochter, das auch allgemeine Gültigkeit besitzt:

* Als Eltern müssen wir versuchen, unseren Egoismus zu unterdrücken, das heißt, unsere einseitige Fokussierung auf die Frage, ob wir gute Eltern sind. Hingegen müssen wir begreifen, dass wir uns wechselseitig Geschenke machen.

* Es ist stets gefährlich, aus einem Kind eine Art »Projekt« zu machen, weil dies die Individualität des Kindes und damit dessen Gleichwürdigkeit negiert. In diesem Fall kann man sagen, dass es sich um ein Vorhaben handelte, das allen Eltern gemeinsam ist, nämlich dem Kind eine bessere Kindheit zu geben, als man selbst hatte. Ein schönes und oft notwendiges Ziel, doch geraten zu oft die Bedürfnisse, Grenzen und Ziele des Kindes aus dem Blick.

* So genannte Schlafprobleme sind wie viele andere »Probleme« auch ein Hinweis darauf, dass etwas im Verhältnis zwischen Eltern und Kind einer Klärung bedarf.

* Kleine Kinder (ebenso wie große) haben ihre eigenen Grenzen, wie viel geballte, intensive Aufmerksamkeit sie vertragen, ohne gestresst, unruhig oder verzweifelt zu werden.

Ein anderes Elternpaar erzählte mir ausführlich von den Problemen ihres neun Monate alten Sohnes, Schlaf zu finden. Sie brachten ihn nach allen Regeln der Kunst ins Bett. Dennoch konnte es bis zu einer Stunde dauern, bis er endlich einge-schlafen war, und das auch nur, wenn ihm jemand die Hand hielt. Der große Ernst und die große Besorgnis der Eltern schienen mir ein wenig übertrieben. Das sagte ich ihnen auch und riet zu mehr Gelassenheit. Das irritierte die Mutter, die sagte: »Aber das geht doch nicht. Was ist, wenn er ein Pro-blem hat?«

Es zeigte sich, dass schon ihre älteste Schwester sich große Sorgen um die Schlafgewohnheiten ihres Sohnes gemacht hat-te, der an einer seltenen Darminfektion litt, die ihm große Schmerzen bereitete. Für diese Mutter war die Sorge um den Schlaf des Sohnes mit einer allgemeinen Angst um seinen Ge-sundheitszustand verbunden. Schnelles Einschlafen war für sie ein Zeichen seines Wohlergehens.

Menschen sind verschieden, und auch wenn wir manch-mal Signalflaggen hissen oder ähnliche Symptome entwi-ckeln, gehört doch stets etwas anderes dazu, um Konflikte zu klären und zu lösen – sofern wir uns dafür entscheiden, Prinzipien wie Gleichwürdigkeit, persönliche Integrität und Gegenseitigkeit zu beachten.

Gemeinsam ist uns allen das tief verwurzelte Bedürfnis, Wertschätzung von denen zu erfahren, die uns am Herzen liegen – und es ist eine der vielen Widersprüchlichkeiten des Lebens, dass es gerade dieses Bedürfnis ist, das uns so egozentrisch macht. Egozentrisch soll in diesem Zusam-menhang kein Werturteil sein, sondern die simple Fest-stellung, dass sich unsere Gedanken ständig um das eigene Wohl und Wehe drehen: Was kann ich? Was will ich? Ma-che ich alles richtig?

Das einzig wirksame Gegengift gegen die Egozentrik ist unser Wille, offen und neugierig zu sein, sich für den anderen zu interessieren. In der Partnerschaft ist dies der Wille zur Überprüfung, ob die Handlungen, die wir als wertvoll für den anderen einschätzen, von diesem auch als wertvoll empfunden werden. Ist das nicht der Fall, haben wir historisch gesehen zwei verschiedene Reaktionsmuster entwickelt.

Geht es um Kinder, neigen wir zur Wiederholung unserer Handlungen. Wer hat sich nicht schon sagen gehört: »Ich weiß nicht, wie oft ich das schon gesagt habe, aber es nützt einfach nichts!«

Wenn dies geschieht, kann man getrost davon ausgehen, das Falsche gesagt zu haben. Kinder besitzen oft die unbewusste Fähigkeit, die wunden Punkte ihrer Eltern zu treffen – bezogen auf ihr »inneres« und »äußeres« Verhalten und deren »selbstdestruktive« Seite, die in einer Liebesbeziehung auch für den anderen destruktiv wird. Kinder können also eine sehr konkrete und hilfreiche Rolle im Entwicklungsprozess der Eltern spielen, und man sollte klug genug sein, dieses Geschenk auch anzunehmen. Das liegt im eigenen Interesse und hilft dabei, ein gleichwürdiges Verhältnis aufzubauen, in dem jeder als wertvoll betrachtet wird und die Kinder nicht allein als Erfolgsprodukt der Eltern eingeschätzt werden. Historisch betrachtet, hat man lange geglaubt, die Kinder würden ihre Eltern provozieren und müssten daher ihre Grenzen aufgezeigt bekommen. Kinder müssen in Wahrheit schon relativ alt sein, um ihre Eltern bewusst zu provozieren. Zweifellos fühlen sich Eltern oft genug provoziert, aber das ist etwas ganz anderes, das man nicht den Kindern anlasten kann. Das gehört zu der Kategorie von Gefühlen, für die man mit Gewinn selbst die Verantwortung übernehmen kann.

Im Verhältnis zu unserem Partner neigen wir dazu, es als Abweisung zu verstehen, wenn unsere wohl gemeinten Gaben nicht angenommen oder postwendend zurückgegeben werden. Wir nehmen dies persönlich, anstatt daraus zu lernen. Denken Sie daran, wenn Sie den nächsten Konflikt mit ihrem Partner austragen. Vermutlich werden Sie größtenteils darüber nachdenken, wie Sie sich verteidigen können oder welche Fehler und Schwächen Ihr Partner hat – ein Ausdruck von Selbstbezogenheit der unfruchtbaren Art.

> Die konstruktive Selbstbezogenheit führt zu folgenden Fragen: Wie hätte ich meinem Herzen auf eine Art und Weise Luft machen können, die unsere Beziehung bereichert und mich authentischer gemacht hätte?

Die erste Form der Selbstbezogenheit, die im Grunde nur Strandgut unserer Kindheit ist, als wir uns selbst die Schuld an den Fehlern und Kränkungen unserer Eltern gaben, ist Hauptfeind der *Gegenseitigkeit* und endet zwangsläufig in Einsamkeit.

Ich glaube nicht, dass es möglich ist, gemeinsam in einer Familie zu leben, ohne gewisse Machtkämpfe auszutragen – zumindest in den ersten zehn bis fünfzehn Jahren, was jedoch nichts daran ändert, dass es vergeudete Zeit und Energie ist. Sollten die Machtkämpfe überhand nehmen, können wir entweder versuchen, jeden Kampf für uns zu entscheiden, was die Beziehung zu den anderen untergräbt, oder die Gleichwürdigkeit wieder herzustellen – nicht als goldener Mittelweg des Kompromisses, sondern als Form eines Dialogs, der uns wachsen lässt, anstatt unsere Integrität oder Gemeinschaft zu zerstören.

Integrität

Historisch betrachtet ist es noch gar nicht lange her, seit wir damit begonnen haben, die individuellen Bedürfnisse des Menschen, seine Grenzen und Werte ernst zu nehmen. Dem Leben und Überleben der Gruppe ist stets eine größere Bedeutung beigemessen worden. Aschenputtels Stiefschwestern mussten ihre Integrität aufgeben und sich eine Zehe und die Ferse abschneiden, um als Braut infrage zu kommen – meine Generation wurde anlässlich der Hochzeit über die Notwendigkeit belehrt, Kompromisse einzugehen und sich unterzuordnen. Im Zweifelsfall wurden die Belange der Gruppe/Familie stets über die des Individuums gestellt. So waren die Werte vergangener Tage.

Wir sprechen hier von einer langen historischen Zeitspanne, in der die Integrität des Kindes – das heißt, seine physischen wie psychischen Grenzen und Bedürfnisse – systematisch gekränkt wurden, und zwar als Bestandteil einer Erziehung, die ein solches Verhalten als richtig und notwendig ansah. Die Integrität der Frau wurde generell ignoriert oder gekränkt, und die des Mannes erlitt auf dem Arbeitsmarkt dasselbe Schicksal, vor allem, wenn es sich um Arbeiter oder Angestellte handelte.

Das gegensätzliche Modell, das auf generellem Vorrang des Individuums basieren würde, ist allerdings weder möglich noch wünschenswert. Wir können die Gemeinschaft für eine gewisse Zeit ignorieren, bleiben jedoch zwangsläufig ein Teil von ihr. Wir können in hohem Maße entscheiden, ob wir der Gemeinschaft Energie zuführen oder sie dieser berauben wollen. Hingegen ist es sowohl möglich als auch wünschenswert, dass Familien und andere Gruppen der persönlichen Integrität und Verschiedenartigkeit des Individuums aufgeschlossener gegenübertreten. Wäre dies fester Bestandteil unserer Tradition, wäre ein niedriges Selbstwertgefühl heute nicht eine europäische Volkskrankheit, und wir hätten nicht diese peinlichen Schwierigkeiten damit, Menschen aus anderen Kulturkreisen in unsere Gemeinschaft zu integrieren.

Eine überkommene Wertvorstellung besagt, man müsse seine Individualität opfern, damit die Gruppe stark bleibt. Sozialpsychologische Gruppenforschung der letzten vierzig Jahre sowie die therapeutische Arbeit mit Paaren und Familien lehrt uns indes etwas anderes: Je stärker der Einzelne, desto stärker ist auch die Gruppe, der er angehört. Der Ausspruch »Eine Kette ist niemals stärker als sein schwächstes Glied« gilt auch für die Familie. Doch Vorsicht! Es geht hier nicht um ein Entweder-Oder. Das starke Individuum ist keine unabdingbare Voraussetzung für die Familie. Es handelt sich vielmehr um eine Wechselbeziehung zwischen der Familie und dem Einzelnen. Wenn die Familie den Einzelnen stärkt, macht dieser auch die Familie stärker. Es liegt daher im Interesse der Allgemeinheit, die Integrität des Individuums zu schützen – also dafür Sorge zu tragen, dass sie nicht gekränkt wird, sondern die besten Entwicklungs- und Entfaltungsmöglichkeiten bekommt. Es ist von ebenso großer Wichtigkeit für das Ganze, dass der Einzelne lernt, sich zu fragen: »Stehen wirklich meine zentralen Bedürfnisse, meine persönlichen Grenzen oder kostbarsten Werte auf dem Spiel, oder handelt es sich nur um eine zufällige Lust, eine alte Angewohnheit, eine fixe Idee oder eine verfestigte Meinung?«

Diese Frage ließe sich möglicherweise leichter beantworten, wenn wir in einer Mangelgesellschaft lebten, in der die meisten ein Leben lang um die Erfüllung ihrer elementaren Bedürfnisse kämpfen müssten. In der heutigen Überflussgesellschaft fällt es oft schwer, das eine vom anderen zu unterscheiden.

* Wenn meine Frau ihre wöchentliche Arbeitszeit reduzieren will, um weniger gestresst zu sein, bedeutet das möglicherweise, dass ich aufhören muss, Tennis zu spielen. Tennis macht mir Freude, ist aber kein grundlegendes Bedürfnis. Ich habe ein Bedürfnis nach Bewegung, doch um das zu befriedigen, könnte ich auch jeden Tag eine Stunde spazieren gehen.

* Meine Kinder möchten am Samstag gerne bei McDonalds essen. Das ist eine persönliche Vorliebe von ihnen, um ihren Bedarf an Nahrung zu decken. Ich kränke also nicht ihre Integrität, wenn ich nein sage, ich verwehre ihnen nur einen Wunsch.

* Mein Sohn wünscht sich ein Paar teure Sportschuhe von Nike. Er hat das elementare Bedürfnis nach Schuhen an den Füßen, doch müssen sie nicht von Nike stammen. Vielleicht handelt es sich um ein soziales Bedürfnis, weil andere Kinder Schuhe von Nike tragen, doch verletze ich nicht seine Integrität, wenn ich ihm eine billigere Marke kaufe.

Integrität

* Meine zweite Frau hat zwei kleine Kinder mit in die Ehe gebracht. Mit ihren Erziehungsmethoden bin ich absolut nicht einverstanden. Ich habe selbst drei erwachsene Kinder, weiß also, wovon ich rede, und bin daher auch berechtigt, sie zu kritisieren. Doch vielleicht sollte ich mir auch bewusst machen, dass ich zwar die Rolle des Vaters bei der Erziehung meiner eigenen Kinder übernommen habe, jedoch niemals versucht habe, ihren Kindern eine Mutter zu sein ...

Das eigene Selbst entwickeln

Solange wir leben, befinden wir uns in einem Spannungsfeld zwischen Integrität und Zusammenarbeit – das heißt, dem Bedürfnis, uns nach unseren eigenen Vorstellungen entwickeln zu können, sowie dem Drang, mit den Menschen, die uns am meisten bedeuten, zu kooperieren, ihnen nachzueifern und uns ihnen anzupassen. Dieser Konflikt hat eine existenzielle und eine soziale Dimension. Er lässt sich als Konflikt zwischen dem Individuum und der Gruppe beschreiben, als Konflikt zwischen dem Individuum und der Gesellschaft oder auch als Gegensatz von Individualität und Konformität. Wir wollen nicht so sein wie alle anderen, doch völlig außerhalb stehen wollen wir auch nicht. Wir können diesem Dilemma in gewisser Weise entgehen, indem wir uns als Außenseiter oder Individualisten begreifen, doch werden wir auch in dieser Rolle die Nähe von Gleichgesinnten suchen und somit von der Konformität wieder eingeholt!

Der Stand der persönlichen Entwicklung wird durch die Sprache offenbar: »Sei ganz du selbst«, empfehlen wir dem Unsicheren. »Man sollte nicht andere kopieren, sondern seine eigene Persönlichkeit entwickeln«, sagen die reflektierten Jugendlichen, die sich inmitten der Krise befinden. »Man kann es nicht allen recht machen, also sollte man lieber versuchen, sich selbst treu zu sein«, sagen die Menschen mittleren Alters, die ihre eigenen Krisen erleben.

Auch die Philosophie und die Psychologie beschäftigen sich mit Fragen nach dem »Selbst«, doch was ist das für eine Größe, und wo kann man sie lokalisieren? Die zweite Frage ist einfacher zu beantworten als die erste. Das Selbst hat seinen Platz im Gehirn, ebenso wie Gedanken, Gefühle und all das, was uns als Mensch ausweist. Wollen wir die erste Frage beantworten, müssen wir zu Synonymen und Umschreibungen greifen. Dann sprechen wir gerne vom »eigentlichen Ich«, vom »wahren Ich«, von unserem »Kern« oder »Zentrum« – konkreter lässt es sich nicht fassen. Wir können lernen, den Unterschied zwischen einem Zustand der Stabilität und der Labilität zu *erleben*. Wir können lernen, dass authentische Handlungen sich anders anfühlen als Lüge und Verstellung. Wir können die Erfahrung machen, dass Wahrhaftigkeit im Umgang mit anderen Menschen sich von gekünsteltem, prätentiösem oder theatralischem Verhalten unterscheidet. Wir können also lernen, unser »Selbst« zu erkennen, wenn wir ihm begegnen – genauso wie unsere Nächsten oftmals in der Lage sind, es zu identifizieren.

Eine Frau hat es kürzlich so formuliert: »Mein Freund redet viel – wirklich sehr viel –, doch bin ich mir nie sicher, WER da eigentlich spricht. Erst wenn ich mich entschlie-

Integrität: Treue zu sich selbst, Ausrichtung nach inneren Werten und Maßstäben, psychische und physische Unversehrtheit.

ße, ihn zu verlassen, und meine Koffer packe, kann ich plötzlich seine eigene Stimme hören. Immer wenn ich gehe, ist es so, doch niemals, wenn ich komme. Das macht mich einsam!«

Hier kommt die Frustration vieler Frauen darüber zum Ausdruck, dass Männer oft die Tendenz haben, einen anonymen Ton anzuschlagen, anstatt sich unmittelbar und persönlich zu äußern.

Das »Selbst« eines Menschen wird also nur im persönlichen Erleben spürbar, noch dazu in einem Erleben, das sich im Takt mit unserer individuellen und sozialen Entwicklung verändert. Es kann heute anders als gestern sein und wird in hohem Grad durch die Beziehungen bestimmt, die wir eingehen. Das »Selbst« ist keine statistische Größe, sondern ein dynamisches, relationales Erlebnis.

Die Familie ist der wichtigste Ort, an dem das »Selbst« und die persönliche Integrität sich entwickeln – das gilt für Eltern und Kinder gleichermaßen. Um das zu verstehen, muss man nicht Philosophie studiert haben, sondern nur die Fähigkeit entwickeln, die eigenen Gefühle wahrzunehmen, die eigenen Gedanken und Werte bewusst zu registrieren und anschließend über das Erlebte zu reflektieren. Dies betrifft unsere Integrität. Was unsere Verpflichtung angeht, für die Integrität anderer Sorge zu tragen, ist unsere Fähigkeit zur *Empathie* gefragt, also die Fähigkeit, sich in andere Menschen hineinzuversetzen, ihre Gefühle und Stimmungen, ihre Bedürfnisse und Grenzen nachzuempfinden. Beides erlernen wir im lebendigen Umgang miteinander. Es ist ein Lernprozess, der von Fehlern und Missverständnissen begleitet wird, aber auch von Augenblicken und Perioden, in denen wir uns im Einklang mit dem Leben empfinden.

Manche haben das Glück, in Familien aufzuwachsen, in denen diese Qualitäten quasi mit der Muttermilch aufgesogen werden, wohingegen andere sie erst entdecken müssen, wenn sie zum ersten, zweiten oder dritten Mal eine Familie gründen.

Es geht darum, sein eigenes, auf Erfahrung basierendes Puzzle aus Genen, kulturellen und emotionalen Komponenten im Zusammenspiel mit anderen zusammenzusetzen. Inwieweit es sich individuell (also vollständig verschieden von anderen) gestaltet, scheint dabei nicht entscheidend zu sein. Wichtig hingegen ist seine *persönliche* Prägung, die nur dann gegeben ist, wenn wir in ausreichendem Maße über uns selbst Bescheid wissen.

Persönliche Integrität als zentraler Wert des Familienlebens ist also die Summe aus Gefühlen, Werten und Gedanken des Einzelnen sowie dem Respekt, den man selbst und die anderen ihm entgegenbringen.

Die letzten Jahre waren von der gefährlichen Illusion geprägt, das Leben könne und müsse schmerzfrei verlaufen. Daher ist es wohl notwendig zu unterstreichen, dass der gegenseitige Lernprozess, in dessen Verlauf wir uns selbst und den anderen kennen lernen, von Natur aus disharmonisch und nicht selten auch schmerzlich verläuft. Das gilt für Erwachsene wie für Kinder, bedeutet jedoch nicht, dass wir uns aus pädagogischen Gründen Schmerzen zufügen. Wir müssen nur begreifen, dass unsere Gegenwart mitunter auch für unsere Nächsten schmerzhaft ist, und gewillt sein, die Verantwortung hierfür zu übernehmen.

So genannte *Curling*-Eltern, die einer Art »Kuschelpädagogik« anhängen, sind einer doppelten Illusion erlegen.

Sie glauben, ihren Kindern ein konflikt-, problem- und schmerzfreies Leben ermöglichen zu können, und sind davon überzeugt, dass durchwegs harmonischen Verhältnissen auch harmonische Menschen entspringen. Aber das ist nicht der Fall. Die Folge sind im Gegenteil egozentrische, unsoziale Kinder mit einem Mangel an Empathie, die sehr einsam werden. Die zweite Illusion ist der Trugschluss, man könne Kinder haben, ohne ihnen auch Schmerzen zuzufügen. Mit niemand von uns ist es leicht zusammenzuleben, und diejenigen, die das verleugnen, bezahlen am Ende den höchsten Preis, wenn nämlich ihre Lebenslügen und ihre Beziehungen zusammenbrechen. Ich will den Schmerz nicht idealisieren, sondern nur an seine unausweichliche Existenz erinnern.

Wir gewinnen die größte Klarheit über unsere Bedürfnisse, wenn sie nicht erfüllt werden. Wir lernen unsere Grenzen nur dann kennen, wenn sie jemand missachtet, und wir erkennen den Charakter und die Tiefe unserer Gefühle am besten, wenn wir den Boden unter den Füßen verlieren. Dadurch werden wir klüger, vor allem aber wachsen unsere empathischen Fähigkeiten sowie das Vermögen, die Individualität anderer Menschen zu akzeptieren. (In Klammern sollte ich vielleicht hinzufügen, dass es Menschen, die in ihrer Kindheit zahlreiche Kränkungen und Übergriffe erlebt haben, außerordentlich schwer fällt, auf diese Weise etwas über sich selbst zu lernen. Sie fühlen sich zumeist nur in dem Gefühl bestätigt, dass alle ihnen Böses wollen.)

Kindliche Integrität schützen

Den meisten Menschen ist klar, dass die persönliche Integrität von Kindern – ihre psychische, physische und sexuelle Unversehrtheit – geschützt werden muss. Darauf werde ich später noch zu sprechen kommen. Doch wie verhält es sich mit der Integrität unseres erwachsenen Partners? Geht es dabei nicht um seine oder ihre individuellen Grenzen und Bedürfnisse und ist er oder sie dann nicht selbst dafür verantwortlich, diese zu schützen?

Die Antwort auf beide Fragen lautet: nein! Denn unsere persönliche Integrität steht immer im Verhältnis zu demjenigen, den wir lieben. Dies ist der eine Grund, warum wir in Liebesbeziehungen immer von *unseren* Problemen sprechen müssen. Zum anderen scheint es in der Natur der Liebe zu liegen, dass wir im Verhältnis zum Partner allzu leicht unsere eigene Integrität vernachlässigen. Wir sagen ganz einfach zu oft »ja« und zu selten »nein«.

Im Verhältnis zwischen Eltern und ihren kleinen Kindern hat dies durchaus seinen Sinn. Kinder können kein zufriedenstellendes Leben haben, wenn ihre Eltern nicht bereit sind, für eine gewisse Zeit ihre eigenen Bedürfnisse zurückzustellen. Doch im Verhältnis zweier Erwachsener muss ein solches Verhalten unserer irrationalen Natur sowie dem kindlichen Vertrauen zugeschrieben werden, mit dem wir uns unseren Eltern angepasst haben. Daher müssen wir lernen, diese Neigung zu zügeln, und uns gegenseitig helfen, sie zu kontrollieren. Sonst wird uns die Beziehung bald wie ein Gefängnis und die Liebe als etwas erscheinen, das vor allem Verzicht er-

> Erwachsene Partner müssen sich gegenseitig darin unterstützen, »nein« zu sagen, selbst wenn ihnen ein Ja lieber wäre.

fordert. Wir müssen uns gegenseitig ermutigen, »nein« zu sagen, auch wenn uns aus egoistischen Gründen ein Ja lieber wäre. Dabei können uns die Kinder nicht helfen. Ihnen ist jedes Ja willkommen, wie korrumpiert und halbherzig es auch sein mag. Die Kinder sind indessen ebenso auf Unterstützung angewiesen, den Eltern gegenüber »nein« zu sagen, wenn wir nicht wollen, dass sie dieses Nein ansonsten aus schlechtem Gewissen unterdrücken.

Diese aktive, uneigennützige Fürsorge für unsere wechselseitige Integrität ist ein Gebot der Gleichwürdigkeit – und die einzige Alternative zu Gleichgültigkeit und Unterdrückung. Sie hilft uns darüber hinaus, authentisch und glaubwürdig, mit anderen Worten: erwachsen zu werden. Die wechselseitige Fürsorge setzt uns außerdem in den Stand, als die Menschen in einer Partnerschaft zu leben, die wir wirklich sind, anstatt den Phantasien über den anderen, mit denen alles begann, den Vorrang einzuräumen.

Interesse, Neugier und Offenheit sind die Schlüsselbegriffe, wenn wir diese Wertvorstellung der Integrität in Bezug auf Kinder und Erwachsene praktizieren wollen. Zur Neugier werde ich mich später noch äußern und will an dieser Stelle bloß konstatieren, dass man den eben genannten Qualitäten mehr Geltung verschaffen kann, indem man sich jeden Morgen aufs Neue fragt, aus welchen Persönlichkeiten sich die eigene Familie eigentlich zusammensetzt.

Es ist ein interessantes Paradox, dass wir jedes noch so kleine Detail in der Entwicklung unserer Babys und Kleinkinder registrieren, doch schon nach wenigen Jahren ganz genau zu wissen glauben, wer oder wie sie sind. Ähnliches gilt für die Beziehung zu unseren Partnern, was uns leider teils blind und taub macht. Jemand hat einmal geschrieben, dass wir »nur die Vorderseite unserer Kinder kennen, die wie eine Leinwand ist. 80 Prozent dessen, was wir sehen, sind unsere Projektionen und Erwartungen.« Wir sollten sehr vorsichtig damit sein, unsere Nächsten in Schubladen zu stecken oder ihnen Kosenamen zu geben, die anfangs nett gemeint oder treffend sein mögen, auf lange Sicht jedoch ihr Selbstbild verfestigen.

Die Fürsorge für die persönliche Integrität und die menschliche Entwicklung der Kinder ist das Entscheidende. Säuglinge können von Anfang an ihre Grenzen und Bedürfnisse zum Ausdruck bringen, doch können sie diese nicht verteidigen. Sie sind vollkommen abhängig vom Gespür und der Empathie ihrer Eltern und nicht zuletzt von deren Willen, möglichst viel darüber zu lernen, wer ihr Kind wirklich ist und inwieweit es sich unterscheidet – nicht nur vom Durchschnittskind, sondern auch von den Erwartungen, Wünschen und Hoffnungen seiner Eltern. Die Alternative hierzu sind extrem selbstbezogene Eltern, die alles richtig machen wollen, in deren Denken für die Eigenständigkeit des Kindes jedoch kein Platz ist, weil es ausschließlich mit deren Image und Weltbild in Einklang gebracht werden soll. Leider war diese Art der Elternschaft weder gestern eine Seltenheit noch ist sie es heute.

Über die Bedürfnisse und den Umgang mit Kleinkindern gibt es hervorragende Bücher, also will ich in diesem Zusammenhang nur ein paar Worte zu unserem Umgang mit ihren Grenzen verlieren – historisch betrachtet ein dunkles Kapitel. Nicht weil Eltern generell böswillig waren, sondern weil Kinder noch vor gar nicht langer Zeit als halbfertige Menschen betrachtet wurden, die von der Gesellschaft und den Eltern erst zu richtigen Menschen geformt werden sollten. Inzwischen wissen wir, dass Kinder mit allen wesentlichen menschlichen Qualitäten geboren werden und daher auch dieselbe Verletzlichkeit und Überlebensfähigkeit haben wie Erwachsene.

Leider ist es immer noch notwendig, darauf hinzuweisen, dass physische und psychische Gewalt für Kinder und Eltern extrem schädlich ist, ungeachtet deren Häufigkeit und Stärke. Doch natürlich ist es umso schlimmer, je intensiver und vorsätzlicher sie angewandt wird. Sicherheitshalber will ich betonen, dass Gewalt in dreifacher Hinsicht zerstörerisch wirkt: nämlich für das Opfer, den Täter und für deren Verhältnis zueinander.

Wenn ich mit Eltern spreche, für die Gewalt ein normaler und notwendiger Bestandteil der Kindererziehung ist, werde ich oft mit zwei Argumenten konfrontiert: Die Eltern behaupten, selbst keinen Schaden durch die Gewalt genommen zu haben, der sie als Kinder ausgesetzt waren (womit sie übersehen, dass diese Gewalt sie selbst gewalttätig gemacht hat).

Eine gewalttätige Erziehung bringt oft resignierte und folgsame Kinder hervor, was Eltern dann als Beleg für den erzieherischen Erfolg werten.

Zum anderen leugnen sie, dass die Beziehung zu ihren Kindern bereits Schaden genommen hat. Letztere Behauptung scheint in gewisser Hinsicht sogar wahr zu sein, denn genau das liegt in der Natur einer gewalttätigen Beziehung: Sie ist für die persönliche Integrität des Kindes so kränkend, dass es seine Individualität verleugnet, folgsam und leicht zu handhaben ist. (Macht ein Kind trotzdem »Scherereien«, erklären die Eltern zumeist, es sei eben »unmöglich« oder »ein hoffnungsloser Fall«.) In den Teenagerjahren kommt es in der Regel zu einer Form des Widerstands, zu Selbstmordversuchen, destruktivem Verhalten, Depressionen etc., doch wird dies meist der Pubertät zugerechnet. Es ist kein Zufall, dass die häufigste jugendpsychiatrische Diagnose in großen Teilen Südeuropas und den früheren Ostblockstaaten, in denen Gewalt gegen Kinder immer noch an der Tagesordnung ist, »Adolescent Crisis« (Pubertätskrise) lautet. Doch ist die Ursache dieser Krise nicht im spezifischen Alter der Jugendlichen zu sehen, sondern in der Gleichgültigkeit oder den Kränkungen, denen sie ausgesetzt waren oder immer noch sind.

Doch bestehen durchaus kulturelle Unterschiede, was die Reaktion von Kindern und Jugendlichen auf die Gewalt ihrer Eltern betrifft. In Kulturen, in denen Gewalt eine größere Tradition hat, sind die Opfer dieses Verhaltens weniger kritisch gegenüber ihren Eltern, haben aber auch geringere Hemmungen, später bei ihren eigenen Kindern wiederum Gewalt anzuwenden. Die generelle Schlussfolgerung der Kinder, mit ihnen sei etwas nicht in Ordnung, wird natürlich durch die Beobachtung bekräftigt, dass die meisten Erwachsenen so handeln.

Kinder reagieren auf zweierlei Arten. Ungefähr die Hälfte von denen, die im Laufe ihrer Kindheit Gewalt ausgesetzt waren, werden als Erwachsene aggressiv, destruktiv und gewalttätig. Die andere Hälfte reagiert sozusagen spiegelverkehrt, richtet die Gewalt nach innen und wird selbstdestruktiv (heiraten gewalttätige Männer, sind depressiv und suizidgefährdet, neigen zum Drogenmissbrauch usw.). In Europa verhält es sich immer noch so, dass Jungen häufiger destruktiv und Mädchen selbstdestruktiv werden, wenngleich sich die Zahlen einander annähern. Beiden Geschlechtern gemeinsam sind ein gestörtes Selbstwertgefühl, Lernschwierigkeiten und psychosoziale Probleme.

Zum Glück verfügen wir generell über die Fähigkeit, schmerzliche Erfahrungen und Traumata zu verdrängen.

Also lassen Sie mich dieses Thema mit dem Hinweis beschließen, dass wir es mit Recht für selbstverständlich halten, dass Erwachsene, die plötzlich mit vollkommen un-
motivierter Gewalt konfrontiert werden, Anspruch auf so-
fortige psychologische Krisenhilfe haben. Falls dies unter-
bleibt, besteht für die Opfer ein hohes Risiko, an PTBS
(Posttraumatische Belastungsstörung) zu erkranken.
PTBS zeichnet sich u.a. durch Konzentrationsstörungen,
Stimmungsschwankungen, Schlafprobleme und Depressionen aus. 99 Prozent der Kinder, die elterlicher Gewalt
ausgesetzt sind, müssen jedoch auf jede Hilfe von außen
verzichten und zudem noch mit dem weit verbreiteten Un-
verständnis ihrer sozialen Umgebung – ob in Kindergarten, Schule oder am Ausbildungsplatz – zurechtkommen.
Für diese Kinder kommt die Gewalt anfangs nicht nur völlig unerwartet und unmotiviert,
sondern ausgerechnet von den
Menschen, die sie am meisten lieben und zu denen sie unbedingtes
Vertrauen haben. Kinder besitzen
die in vieler Hinsicht phantastische Fähigkeit, Verhältnisse zu überleben, die den meisten Erwachsenen das Genick
brechen würden. Dies sollte uns aber gleichzeitig warnen,
stets davon auszugehen, dass Kinder es gut haben, wenn
sie kein auffälliges Verhalten an den Tag legen.

Nur weil Kinder kein auffälliges Verhalten zeigen, bedeutet das nicht automatisch, dass es ihnen gut geht.

Für Gewalt in erwachsenen Beziehungen gilt im Großen und Ganzen dasselbe. Nicht weil wir Gewalt als un-
moralisch an sich betrachten, sondern weil die Gewalt auf
eine Beziehung hindeutet, in der es an Respekt und an der
gegenseitigen Fürsorge für die persönliche Integrität mangelt. Dieser Mangel an Respekt und Fürsorge läuft immer
in beide Richtungen, obwohl die verbale oder physische

Gewalt oft nur von einer Seite ausgeübt wird. Solche Beziehungen sollten entweder beendet werden oder die rasche und langfristige Hilfe eines Familientherapeuten in Anspruch nehmen. Die Annahme, mit der Zeit »würde schon alles besser«, ist ein Irrtum, und auch die Liebe – wie groß sie auch sein mag – hilft in solchen Fällen nicht weiter.

Wenn Erwachsene mit der Zunge schlagen

Eine häufig praktizierte Form der Kränkung kindlicher Integrität ist das Schimpfen, oder wie ein Fünfjähriger es formulierte: »Wenn die Erwachsenen mit der Zunge schlagen.« Es ist eine uralte Tradition, dass Erwachsene auf diese Weise die Integrität ihrer Kinder kränken – mit dem Ziel, sie zu »ordentlichen« Menschen zu erziehen. Eine Tradition, mit der die heutige Großelterngeneration brach, indem sie versuchte, einen kindlichen Ton anzuschlagen. In der Praxis bedeutete dies, dass sie dasselbe sagten, was Eltern stets zu ihren Kindern gesagt haben, allerdings in einem unemotionalen, tendenziell einschmeichelnden Ton.

Der dänische Kinderforscher Erik Sigsgaard und seine Mitarbeiter überraschten Pädagogen und Eltern einer ganzen Nation mit den Ergebnissen ihrer Untersuchung von Kindergartenkindern. Ein Großteil dieser Kinder war der Meinung, die meiste Zeit ausgeschimpft zu werden, während die Erwachsenen dies ganz anders empfanden. Daraus ergibt sich die Frage, wie es zu dieser unterschiedlichen Einschätzung kommt. Die kurze Antwort ist, dass die

Erwachsenen oft eine Sprache benutzen, die von den Kindern als herabsetzend und kränkend empfunden wird. Einige Zitate:

»Sie schlagen mit ihrer Zunge.« (5 Jahre)
»Sie schimpfen über alles, z.B. wenn man Gameboy spielt oder nicht aufstehen will.« (8 Jahre)
»Das Schlimmste ist, wenn der Lehrer schimpft. Dann will man gar nicht mehr in der Klasse sein.« (7 Jahre)
»Die machen mich noch verrückt. Am liebsten würde ich einfach aus der Schule rennen und draußen Krieg spielen.« (8 Jahre)[*]

Viele Eltern werden jetzt fragen: »Was soll man denn tun, wenn man nicht einmal mehr schimpfen darf?« Diese Frage habe ich bereits in einem meiner früheren Bücher beantwortet (*Grenzen, Nähe, Respekt*). Ich will in diesem Zusammenhang nur auf die neuesten Erkenntnisse der Hirnforschung verweisen, die sich mit den Erfordernissen des Gehirns für ein optimales Lernklima beschäftigen. Es wurde zweifelsfrei festgestellt, dass die Fähigkeit, Neues zu lernen, herabgesetzt ist, wenn die Informationen mit Kritik verbunden sind. Langjährige Untersuchungen haben gezeigt, dass dies in selbem Maße für das Erlernen sozialer Fähigkeiten gilt. Das Schimpfen ist also nicht nur in ethischer Hinsicht problematisch, sondern auch kontraproduktiv, indem meist das Gegenteil des gewünschten Resultats eintritt.

---

[*] Diese Zitate stammen allesamt aus Erik Sigsgaards Buch *Skaeldud*, »Ausgeschimpft« (Hans Reitzels Verlag).

Was die kindliche Fähigkeit anbelangt, sich intellektuelle und praktische Fertigkeiten zu erwerben, ist die Alternative zur Kritik die so genannte positive Verstärkung – eine Art sachliches Lob. Auch in der allgemeinen Kindererziehung ist mit gewissem Erfolg versucht worden, ein ähnliches Verhalten zu praktizieren, doch auf lange Sicht führte das zu unsicheren und unselbstständigen Menschen, die sich nur in mehr oder minder künstlichen Milieus wohl fühlen, in denen wenige, klar definierte Machthaber darüber entscheiden, was lobenswert ist und was nicht.

Die beste Alternative zum Schimpfen in der Familie ist daher nicht das Lob, sondern das authentische Feedback.

Wenn eine Familie als gleichwürdiges Gebilde funktionieren soll, erfordert dies intensive Gespräche, was sowohl Zeit als auch Energie kostet. Das gilt insbesondere für das Gebilde, das ich in diesem Buch als Patchworkfamilie bezeichne. Hier geht es sozusagen darum, dass zwei verschiedene Kulturen fusionieren oder zumindest in friedlicher Koexistenz miteinander leben. In der Kernfamilie – auch im Verhältnis alleinerziehender Eltern zu ihren Kindern – schafft die gegenseitige Liebe Vertrauen und fungiert gleichzeitig als emotionaler Puffer zwischen Erwachsenen und Kindern. In der Patchworkfamilie verhält es sich anders. Hier leben die Eltern auch mit den Kindern des Partners und die Kinder mit nicht leiblichen Geschwistern zusammen. Daher sind mehr Zeit, mehr Gespräche sowie eine größere Offenheit und Flexibilität erforderlich, und erst wenn die Kinder sicher sein können, dass die Erwachsenen die Fähigkeit und den Willen zu gleichwürdigem

Integrität

Verhalten besitzen, können alle Seiten beginnen, sich zu entspannen. Ein sicheres Zeichen dafür, dass es den Eltern nicht gelungen ist, diese wichtige Wertvorstellung zu praktizieren, ist die Etablierung einer Gleichheitstyrannei seitens der Kinder, in der alle Güter vor ihrer Zuteilung auf die Goldwaage gelegt werden. Auch die ermüdende Jagd nach Gerechtigkeit bis ins kleinste Detail zeugt davon, dass keine wirkliche Gleichwürdigkeit besteht. Dasselbe gilt für andere Formen menschlicher Gemeinschaft, auch unter Erwachsenen: Wenn nicht ein Minimum an Gleichwürdigkeit herrscht, versucht nur jeder für sich, seine Schäfchen ins Trockene zu bringen. Dann unterwerfen wir uns dem so genannten freien Spiel der Kräfte.

Authentizität

Die Forderung nach Authentizität in den familiären Beziehungen bedeutet einen qualitativen Quantensprung, der viele Eltern in den letzten zwanzig Jahren vor nahezu unlösbare Probleme stellte, wuchsen sie doch selbst in Familien auf, in denen alles andere als Authentizität gefragt war.

In meiner Kindheit lautete das primäre Erziehungsziel: *Kinder sollen lernen, sich ordentlich zu benehmen.* Sich ordentlich *aufzuführen*, wie es damals hieß. Ein Ausdruck, den man wörtlich nehmen konnte, denn es handelte sich um eine Art Aufführung, wie im Theater. So studierte man beispielsweise die richtigen Antworten ein: Man sagte höflich »Guten Tag« und »Gute Nacht« oder bedankte sich artig für die Weihnachtsgeschenke, und wenn man all diese Formulierungen perfekt beherrschte und noch dazu zum richtigen Zeitpunkt anwandte, galt man als gut erzogenes Kind, das seinen Eltern Ehre machte. Solche Rollenspiele fanden gleichermaßen unter den Eltern, an der Schule oder am Arbeitsplatz statt. Damals hing die Welt quasi noch zusammen, weil es einen verbindlichen Wertekanon gab.

Authentizität

Für den radikalen Wertewandel gibt es zahlreiche Ursachen, doch um zunächst bei der Familie zu bleiben, so hat die Emanzipation der Frau zweifellos eine entscheidende Rolle gespielt. Nähe und Emotionalität waren seit jeher eine Domäne der Frauen, was möglicherweise damit zusammenhängt, dass sie auf den häuslichen Bereich verwiesen waren. Die Männer hingegen hielten sich weitgehend in einer Sphäre außerhalb der Familie auf, in der Nähe und Emotionalität sicherlich nicht gefragt waren. Die meisten Frauen tummeln sich wie Fische im Wasser, wenn sie Gefühle und Erlebnisse austauschen können, während viele Männer darin keinen Sinn erkennen können und sich unsicher fühlen, wenn sie es versuchen.

Authentizität, also die Fähigkeit, unverstellt und glaubwürdig zu sein, ist eine Voraussetzung für drei wesentliche Faktoren im Zusammenspiel der Familie:

* Für den unmittelbaren, warmherzigen Kontakt zwischen den Eltern und zwischen Eltern und Kindern.

In diesem Zusammenhang sollte man sich vergegenwärtigen, dass es in menschlichen Beziehungen zwei Arten von Wärme gibt: Schmelzwärme (Harmonie) und Reibungswärme (Konflikt). Beide sind für unsere Entwicklung von Nutzen, doch bevorzugen wir traditionellerweise die Schmelzwärme. Wir täten uns selbst und unseren Familien allerdings einen Gefallen, wenn wir die beiden Arten gleichrangig behandelten. Die konfliktlose Gemeinschaft von gleichwürdigen Menschen ist eine Illusion. Beide Formen von Wärme erfordern Nähe, Offenheit und Glaubwürdigkeit.

Authentizität

* Für die Entwicklung persönlicher Autorität, die es ermöglicht, seinen Bedürfnissen, Grenzen und Wertvorstellungen Geltung zu verschaffen.

Erst wenn es uns gelingt, für uns selbst die Verantwortung
zu übernehmen, sind wir auch in der Lage, aktiv die Mitverantwortung für andere Menschen und die Gemeinschaft, die wir mit ihnen bilden, zu tragen. In der Kindererziehung ist dies die einzige Alternative zu Gewalt, Drohungen, Versprechungen und erniedrigenden Manipula-
tionen. Unter Erwachsenen ist dies eine unabdingbare
Voraussetzung für eine gleichwürdige Beziehung, in der
nicht der eine zum Opfer des anderen werden soll.

* Für die Bearbeitung und Lösung von Konflikten und
  Problemen innerhalb der Familie.

Erst wenn beide oder alle Familienmitglieder sich so authentisch wie möglich zu einem Problem oder Konflikt –
das heißt, zu der Art und Weise, in der sie selbst betroffen
sind – geäußert haben, besteht die Möglichkeit, eine trag-
fähige Lösung zu finden, die nicht eine neue Vorschrift
oder Sanktion darstellt.

In diesem Prozess kommt der Authentizität entscheidende Bedeutung zu, da wir nur in der Lage sind, unange-
messene Seiten unseres inneren und äußeren Verhaltens
zu ändern, wenn wir uns authentisch ausdrücken, das
heißt mit den Worten und Gefühlen, die für uns wahr
sind. Es reicht nicht, über uns selbst zu sprechen, wenn
wir uns entwickeln wollen. Wir müssen uns authentisch
und persönlich – und möglichst verbal – einem anderen
Menschen gegenüber äußern, der die Fähigkeit besitzt zu-
zuhören. Ich schreibe »möglichst verbal«, obwohl ich mir

darüber im Klaren bin, dass es auch in der Musik und Literatur, der Bildenden Kunst und dem Theater starke authentische Äußerungen gibt. Inwieweit diese Äußerungen auch dazu taugen, die privaten Beziehungen der Künstler zu beeinflussen, kann ich nicht beurteilen. Allen Künsten gemeinsam ist jedoch das ausgeprägte Bewusstsein für die Bedeutung des authentischen Ausdrucks. Wann entsteht aus den Noten wirklich Musik? Wenn der authentische, persönliche Ausdruck des Musikers hinzukommt, könnte man sagen. Das bedeutet auch, dass es viele Menschen gibt, die trotz ihrer Schwierigkeiten, sich verbal zu artikulieren, eine spürbare Authentizität ausstrahlen. Musik ist auch ohne Worte gegenwärtig.

Die Notwendigkeit des authentischen Verhaltens in einer Liebesbeziehung ist nach und nach in unser Bewusstsein gedrungen. Immerhin ein Beginn, wenn auch noch vieles zu wünschen übrig lässt. Anders verhält es sich leider im Verhältnis der Eltern zu ihren Kindern.

Eine authentische Beziehung – also ein Verhältnis zwischen zwei Menschen, die sich um Wahrhaftigkeit bemühen – ist die moderne Alternative zum Rollenspiel früherer Generationen. Dennoch hat es den Anschein, als versuchten viele Eltern immer noch, ihren Kindern etwas »vorzuspielen« – sich so zu benehmen, wie sie es für richtig halten, um eine imaginäre Elternrolle auszufüllen. Das wird besonders im öffentlichen Benehmen deutlich, das zumeist eine geschönte Variante des heimischen Verhaltens darstellt.

Vater und Sohn sitzen am großen, runden Couchtisch der Familie zusammen. Irgendwann gleitet der Sohn vom Schoß des Vaters und beginnt um den Tisch herumzugehen. Er ist in dem

Alter, in dem er noch nicht alleine gehen kann, doch der Tisch hat für ihn genau die richtige Höhe, um sich an dessen Kante festzuhalten. Das bedeutet jedoch, dass sich sein Kopf die ganze Zeit direkt über der Tischkante befindet. Nach anderthalb Runden geschieht das Unausweichliche: Seine Beine knicken ein, das Kinn knallt auf die Tischplatte, er beißt sich die Lippen blutig und fängt an zu weinen.

Sein Vater ist spürbar verunsichert, verfällt aber sofort in seine Elternrolle und sagt lächelnd:

»Ja, was machst du auch für einen Unsinn. Da hast du selbst Schuld.« Dann nimmt er seinen Sohn wieder auf den Schoß und tröstet ihn.

Hätte dieser Vater sich authentisch ausgedrückt, wäre folgende Reaktion möglich gewesen:

»Ach, verdammt, ich hätte besser auf dich aufpassen sollen. Entschuldige bitte.«

Oder rein empathisch:

»Oh, das hat bestimmt wehgetan, du Armer!«

Kein Zweifel, dass beide Aussagen in seinem Bewusstsein vorhanden sind, doch entscheidet er sich für die klassische Vaterrolle. Er plustert sich auf, trägt ein demonstratives Verantwortungsbewusstsein zur Schau und schiebt gleichzeitig dem Kind die Schuld in die Schuhe. Dies bedeutet nicht nur eine Kränkung dessen persönlicher Integrität (Schuld und Scham sind die folgenreichsten selbstdestruktiven Gefühle, die wir kennen), sondern auch eine Behinderung des kindlichen Lernprozesses, falls sich dieses Verhalten oft wiederholt. Kinder lernen, indem sie spielen, oder präziser ausgedrückt: Erwachsene sind übereingekommen, das Lernen und Forschen eines Kindes als »Spiel« zu bezeichnen. Wird dieser Vorgang mit einer persönlichen Schuld verbunden, wird es schwierig daraus zu lernen, weil das Kind sich dumm und ungeschickt vorkommt.

In diesem Beispiel hat der Junge sozusagen zwei Schläge einstecken müssen: den ersten von der Tischkante, den zweiten vom Vater. Der erste Schlag ist für sein Wohlbefinden und seine Entwicklung keinesfalls schädlich. Er ist verbunden mit der nützlichen Erfahrung, wozu sein Körper bereits imstande ist oder wozu nicht. Der zweite Schlag beeinträchtigt das persönliche Verhältnis zwischen Vater und Sohn. Während der eine seine Unfehlbarkeit hervorhebt, wird dem anderen sein Fehlverhalten vor Augen geführt.

Geschieht dies unter Erwachsenen, so hat der Kritisierte die Möglichkeit, zu protestieren oder sich aus der Beziehung zurückzuziehen. Im Verhältnis zu ihren Eltern lernen die Kinder, zu ihren allwissenden Eltern aufzublicken, während sie auf sich selbst herabschauen.

Die Gefahr des Perfektionismus

Man könnte fast von einem neuen Trend sprechen, in dem zum Ausdruck kommt, dass immer mehr Eltern ihre Rolle *perfekt* ausfüllen wollen.

Dieser Perfektionsdrang der Eltern, in Einzelfällen ein durchaus bekanntes Phänomen, ist vielleicht das schwerste Joch, das man seinen Kindern aufbürden kann – weitaus schwerer als die Bürde, alkoholabhängige oder psychisch kranke Eltern zu haben, weil der Perfektionsdrang für das

Kind sinnlos ist. Als Kind eines Alkoholikers trägt man eine enorme Verantwortung und hat zudem mit Schuldgefühlen zu kämpfen. Man wird gewissermaßen »zu früh erwachsen«, doch ein Kind, das zu viel Verantwortung tragen muss (nämlich die Verantwortung, die von den kranken Eltern nicht übernommen werden kann), füllt ein Vakuum aus und hat damit einen konkreten Wert für seine Nächsten.

Perfektionistische Eltern reduzieren ihr Kind auf eine *Funktion* in ihrem eigenen Leben. Es muss täglich den lebendigen Beweis für den Erfolg seiner Eltern antreten und zwar auf dem Niveau, das Garten, Küche und Wohnungseinrichtung entspricht.

Unverantwortliche Eltern brauchen tatsächlich ein Kind, das ihnen die Verantwortung abnimmt. Ihr Ehrgeiz, perfekte Eltern darzustellen, ist nichts anderes als eine selbstbezogene, neurotische Zwangsvorstellung, für die die Umgebung den Preis bezahlen muss, während die Perfektionisten sich entweder in ihrem Erfolg sonnen oder ihr Fiasko beweinen. Alle Formen des Perfektionismus zerstören letztendlich das Wohlergehen des Perfektionisten sowie die Beziehungen zu anderen. Es handelt sich um eine der schädlichsten selbstdestruktiven Phänomene, die wir kennen. Auch lässt sich das Schicksal der anhängenden Familien präzise vorhersagen: Ungefähr die Hälfte der Kinder wird alles tun, was in ihrer Macht steht, um die Erwartungen ihrer Eltern zu erfüllen. Die andere Hälfte wird das Gegenteil tun, sich nämlich mit Händen und Füßen gegen die Erwartungen zur Wehr setzen. Beide Gruppen werden am Ende ihrer Kindheit ein niedriges Selbstwertgefühl, dafür eine umso längere schulpsychologische Krankengeschichte aufweisen.

Authentizität

Wir sollten uns die Worte Bruno Bettelheims, des großen Kinderpsychologen des vergangenen Jahrhunderts, vergegenwärtigen, der sagte, Eltern müssten nicht perfekt, sondern nur »gut genug« sein. Mit dieser Forderung ist sowohl Kindern als auch Eltern sehr viel besser gedient, weil letztere Mensch bleiben dürfen – mit all ihren Stärken und Schwächen – und damit so authentisch wie möglich sein können.

Viele Eltern sind sich nicht bewusst, wie ausgeprägt sie die Vater- oder Mutterrolle »spielen«, während Außenstehende einen deutlichen Unterschied im Verhalten zu ihren Kindern, untereinander oder zu ihren Freunden feststellen. Doch wenn andere Erwachsene sie nicht darauf aufmerksam machen, werden es irgendwann die Kinder tun. Kinder haben – ebenso wie Erwachsene – keinen automatischen Respekt vor rollenbedingten Autoritäten. Sobald wir mit Kindern reden, die älter als vier, fünf Jahre alt sind, kommt man nicht weiter, indem man den Lehrer oder Pädagogen herauskehrt. Es dauert höchstens ein paar Monate, bis die Kinder beginnen, diese Rolle in Frage zu stellen – in der Hoffnung, einen leibhaftigen Menschen hinter der Maske zu entdecken. Kinder haben zu ihren Eltern grenzenloses Vertrauen und sind bis zu einem Alter von neun, zehn Jahren der Meinung, die besten Eltern der Welt zu haben. Danach verlieren die Eltern rasch den direkten Kontakt zu ihnen, wenn sie nichts anderes zu bieten haben als ihr Rollenspiel. Erwachsenen ergeht es nicht anders. Wir wollen weder Zeit noch Energie auf die Beziehung zu anderen Menschen verschwenden, die in ihrer sozialen Rolle befangen sind – ob als graue Maus oder allwis-

> »Es gibt keine perfekten Eltern und keine perfekten Kinder, aber alle Eltern können gut genug sein.«
> *Bruno Bettelheim*

74

sender Kosmopolit. Kurzzeitig können wir es akzeptieren, ein Teil ihres Spiels zu sein, doch nicht in einer echten Partnerschaft.

Eltern zu werden bedeutet zweifellos, eine neue Rolle im Leben einzunehmen, die uns vor große Herausforderungen stellt. Wie sollen frisch gebackene Eltern also verhindern, dass es ein selbstbezogenes Spiel für die Galerie wird? Es gibt verschiedene Möglichkeiten:

* Man kann seinen Partner und seine Freunde um ein Feedback bitten.

* Man sollte über seine eigenen Wertvorstellungen und die Bedürfnisse des Kindes Klarheit gewinnen und zwar im Zusammenspiel miteinander. Hingegen sollte man nichts auf die Aussagen von Menschen in den Medien geben, die uns weismachen wollen, Elternschaft sei in jedem Fall das Wunderbarste und Beglückendste, das einem im Leben passieren könne, und darüber hinaus das reinste Kinderspiel, wenn man nur alles sorgfältig plane. Solche Aussagen spiegeln nicht die Realität wider, sondern allenfalls das Programmkonzept gewisser Redakteure.

* Geben Sie einfach Ihr Bestes und legen Sie sich Rechenschaft über Ihre Fehler und Dummheiten ab. So können Sie Ihr Verhalten sukzessive verbessern und ersparen Ihrem Kind unnötige Schuldgefühle.

* Wer sich unsicher fühlt und kein Feedback seiner Umgebung bekommt, der kann seine Stimme auf Tonband oder auf Video aufnehmen. Beim Abhören oder Ansehen wird einem meist klar, wann man sich authentisch verhalten und wann man »gespielt« hat.

* Und nicht zuletzt: Man erweist seinen Kindern den größten Dienst, wenn man sich weiterhin intensiv um

seinen Partner bzw. um sich selbst kümmert. So vermeidet man, an der Elternrolle zu »ersticken«. Es ist für Kinder eine große Belastung, im Bewusstsein derjenigen aufzuwachsen, die *alles* für ihre Eltern bedeuten. Natürlich ist es zu begrüßen, wenn das Wohlergehen der Kinder für die Eltern einen extrem hohen Stellenwert hat, doch sollte ihnen niemand zumuten, deren einzigen Sinn im Leben zu verkörpern.

Ich habe im Laufe der Jahre mehrere tausend Eltern kennen gelernt, die frustriert darüber waren, dass ihre Erziehungsversuche nicht zum gewünschten Erfolg führten.

Und mehr als einmal bestand meine Hilfe darin, einen Elternteil oder beide zu einem authentischeren Kontakt mit den Kindern zu bewegen. Immer wieder hat es dann sowohl mich als auch die Eltern überrascht, wie viele der Konflikte sich praktisch in Luft auflösten, wenn es den Eltern gelang, sich so persönlich und authentisch wie irgend möglich auszudrücken.

Dass manche Eltern sich zum allerersten Mal als authentisch erlebten, ist eine besondere Problematik.

Ein Elternpaar litt unter dem Problem, dass der neunjährige Sohn sich fast ein Jahr lang weigerte, zur Schule zu gehen, wenn seine Mutter ihn nicht begleitete und den ganzen Tag über im Klassenzimmer sitzen blieb. Der Junge hatte gute persönliche Gründe, sich ängstlich und unwohl zu fühlen. Bei den Eltern handelte es sich um gesunde, selbstbewusste Menschen, die ihrer Elternrolle vollauf gewachsen waren, doch je weiter das Problem sich entwickelte, desto stärker begannen sie natürlich an sich zu zweifeln. So beschlossen sie aus Angst, ihrem Sohn einen etwaigen Schaden zuzufügen, seinem Wunsch zu entsprechen. Sie holen den Rat mehrerer Experten ein, die verschiedene Ideen hatten, wie man das Verhalten des Jungen beeinflussen könne, doch nichts half. Die Mutter stand inzwischen vor dem konkreten Dilemma, dass ihr Arbeitgeber langsam die Geduld verlor. Sie hatte also die Wahl, an ihren Arbeitsplatz zurückzukehren oder weiter im Klassenzimmer sitzen zu bleiben und damit ihren Job zu verlieren. Ich stellte ihr folgende Fragen:

»Was wollen Sie?«

»Am liebsten wäre mir natürlich, dass der Junge es auch ohne mich in der Schule aushält.«

»Okay, aber was wollen Sie?«

»Ich will am liebsten an meinen Arbeitsplatz zurückkehren.«

»Nun weiß ich, was Sie am liebsten wollen, aber was wollen Sie wirklich?«

»Ja, ich will natürlich nicht, dass der Junge sich von mir im Stich gelassen fühlt, wenn er mich wirklich braucht.«

»In Ordnung, aber wofür würden Sie sich entscheiden, wenn Sie wählen müssten?«

So machten wir eine ganze Weile weiter, bis die Mutter plötzlich sagte:

»Jetzt weiß ich endlich, was Sie von mir wissen wollen. Darauf kann ich jetzt nicht antworten. Ich brauche Zeit, um darüber nachzudenken.«

»Ich gebe Ihnen so viel Zeit, wie Sie brauchen.«

Zwei Monate später hatten wir ein weiteres Gespräch, in dem die Mutter Folgendes sagte:

»Vier Tage nach unserem letzten Gespräch wachte ich morgens auf und wusste plötzlich, dass ich am nächsten Montag

*an meinen Arbeitsplatz zurückkehren wollte. Das teilte ich
Frederik mit, der darüber natürlich sehr unglücklich war,
doch ich blieb bei meinem Entschluss und begleitete ihn ein
letztes Mal zur Schule. Am nächsten Morgen war er außer
sich vor Wut und sagte, ich sei die schlechteste Mutter der
Welt, doch ich ließ mich nicht beirren. Drei Tage lang blieb er
zu Hause und saß zornig auf seinem Zimmer, doch dann kehr-
te er endgültig zur Schule zurück.«*

Alle hatten stets versucht, Frederik zu ändern, doch (wie
so oft) waren es die Eltern, die sich ändern mussten – in
diesem Fall vor allem die Mutter als Hauptlieferant der
Fürsorge, die Frederik so nötig zu haben glaubte. Die Mutter musste sich selbst finden – ihr authentisches Ich –, und
als dies geschehen war, löste sich auch das Problem. In der
Beziehung zu ihrem Sohn hatte es nie größere Probleme
gegeben, und so war sie mit ihrer Rolle als »gute Mutter«
absolut zufrieden gewesen. Erst als Frederik ein ängstli-
ches Verhalten an den Tag legte, war sie gezwungen worden, ihr Selbstverständnis zu überprüfen.

Die Erklärung ist einfach. Kinder bedürfen der Führungsrolle ihrer Eltern. Ich werde in Kapitel sechs darauf
zurückkommen. Man stelle sich folgendes Bild vor: Kinder sind darauf angewiesen, dass ihre Eltern als eine Art
Leuchtturm fungieren, also regelmäßig klare Signale aussenden, damit die Kinder durch ihr Dasein navigieren
können. So ist es auch in Frederiks Familie gewesen, bis
eine Reihe schwerer Erschütterungen den Jungen ängs-
tigte und die Eltern verunsicherte. Den Eltern fehlte Wissen und Erfahrung, um ihrem Sohn helfen zu können,
und da der Schulpsychologe ebenso ratlos war, musste
der Sohn sich selbst die Medizin verschreiben, die er für

richtig hielt. Er war der Leuchtturm der Familie geworden – eine Situation, die weder Kindern noch Eltern gut bekommt.

> Kinder wissen nicht, was sie brauchen; sie wissen nur, worauf sie Lust haben. Wenn also das, worauf sie Lust haben, zur Richtschnur der Eltern wird, werden die eigentlichen Bedürfnisse des Kindes nicht befriedigt.

Um wieder als Leuchtturm fungieren zu können, musste Frederiks Mutter also tief in sich gehen. Die üblichen psychologischen Tricks, um Frederik zu motivieren, wieder allein zur Schule zu gehen, hatten nicht geholfen. Er brauchte die authentische Äußerung seiner Mutter und seine eigene Raserei, um seine Sicherheit zurückzugewinnen. Dies ist einer der großen Vorteile authentischen Verhaltens: Man vergewissert sich nicht nur seiner selbst, sondern auch die anderen wissen, »woran sie sind«.

Im Leben aller Familien gibt es Minuten, Stunden und Perioden, in denen ihre Mitglieder nicht wirklich gegenwärtig sind, weil sie von anderen Dingen intensiv beansprucht werden: von der Arbeit, anderen Beziehungen, kritischen Lebensphasen und Identitätszweifeln. Man könnte diesen Zustand als authentische Abwesenheit bezeichnen – vorausgesetzt, wir bekennen uns zu dieser Abwesenheit und versuchen nicht, sie zu überspielen. Doch die Fragen melden sich unweigerlich: Wer bin ich? Welche Rolle spiele ich in meiner Beziehung? Verfüge ich über genug Selbsterkenntnis, oder mache ich mir etwas vor? Es dauert mindestens zehn Jahre, um sich über diese Dinge im Klaren zu werden – jedenfalls wenn man unter fünfunddreißig und die Beziehung zum Partner jünger als zehn bis fünfzehn Jahre ist. Die Antworten finden wir nämlich nicht in meditativer Versenkung, sondern durch die lebendige Wechselwirkung von Nähe, Dialog und Reflexion.

Authentisch oder anerzogen?

Ein Teil unserer Reaktionsmuster und Gefühle sind authentisch, andere gehören eigentlich nicht zu unserer Persönlichkeit, sondern haben sich nur entwickelt, damit wir einigermaßen ungeschoren durch unsere Kindheit kommen.

Wenn ich also permanent nach Bestätigung suche, ist dies kein authentisches Bedürfnis. Es wurde mir von den Eltern eingeimpft, die mich entweder permanent kritisierten oder so abhängig von ihrem Lob machten, dass ich vor der geringsten Kritik Angst bekam. Wenn ich stets unter Schuldgefühlen leide und für alles zwischen Himmel und Erde die Verantwortung übernehmen will, ist dies auch kein authentisches Verhalten. Kinder kommen nicht mit Schuldgefühlen auf die Welt. Sie werden mir von den Eltern zugefügt, die entweder nicht in der Lage waren, für sich selbst die Verantwortung zu übernehmen, oder für die ich stets ein Klotz am Bein war. Auch ein aggressives Verhalten zu meinen Mitmenschen gehört in diese Kategorie. Denn spontane, unkontrollierte Aggression ist der Zwillingsbruder des Schuldgefühls. Sie resultiert aus permanenter Herabsetzung und Erniedrigung seitens der Eltern oder aus deren ausgeprägter Passivität, die eine grobe Provokation des Kindes erforderte, um eine Reaktion zu erzwingen.

Dies sind ein paar generelle Erfahrungen, die ich in der psychotherapeutischen Arbeit mit Erwachsenen gewon-

Authentizität

nen habe, doch gibt es eine Vielzahl von Variationen. Wir müssen uns behutsam herantasten, experimentieren und von den Reaktionen des anderen beeinflussen lassen. Wenn dann plötzlich eine authentische Reaktion stattfindet, besteht indes kein Zweifel mehr. Denn wenn unsere richtigen Worte und Gefühle ihren wahrhaftigen Ausdruck gefunden und ihren Adressaten erreicht haben, sind wir zunächst bewegt und lächeln in uns hinein, ehe uns eine völlig neue Form der Ruhe überkommt, die signalisiert: »Ja, das bin ich – und so ist es gut!«

Kinder sind so lange authentisch, bis sie einem gewissen Maß an Erziehung und Kultur ausgesetzt waren. Dann kommen sie in die Pubertät, in der die erste bewusste Suche nach der eigenen Persönlichkeit einsetzt. Mit jeder neuen Paarbeziehung oder existenziellen Krise folgen weitere Versuche der Ergründung des eigenen Ichs. Glücklicherweise müssen wir dabei nicht immer wieder von vorne anfangen und sind dennoch in der Lage, unseren Kindern zu helfen, so authentisch wie möglich zu werden – ein gesundes Selbstwertgefühl zu entwickeln. Das tun wir am besten, wenn wir ihnen Tag für Tag ein aufrichtiges Interesse entgegenbringen, sie darin unterstützen, sich authentisch auszudrücken, und nicht zuletzt, indem wir ihnen selbst so authentisch wie möglich gegenübertreten.

Authentischer Selbstausdruck, der unser Gegenüber wirklich erreicht, macht uns froh und zufrieden.

Bei unserer Suche nach Authentizität müssen wir u.a. unablässig unsere Grenzen überprüfen, weil sich diese im Laufe der Zeit und in Abhängigkeit von den Menschen, mit denen wir umgehen, verschieben. Wie schon gesagt: Je authentischer die Eltern, desto besser geht es den Kindern. Das hat der älteren Elterngeneration oft genug den Schweiß auf die Stirn getrieben, weil sich das persönliche Bedürfnis, »Grenzen zu setzen«, immer wieder meldet. Dieses Thema wird in regelmäßigen Abständen auch von Pädagogen, Lehrern und Psychologen aufgegriffen, die Fragen nach Sinn und Umfang der Grenzen aufwerfen.

Dieses wesentliche Wechselspiel zwischen Kindern und Erwachsenen tangiert Fragen der Gleichwürdigkeit, Authentizität, Gemeinschaft, Führung und Verantwortung. Darum habe ich mich entschieden, den Komplex der Grenzen im folgenden Kapitel zu behandeln.

Vier

Verantwortung

Über viele Generationen hinweg war das Verantwortungsbewusstsein ein zentraler Wert in der Familie. Das Hauptgewicht lag dabei auf etwas, das ich *soziale* Verantwortung nennen möchte, also auf der Verantwortung, die wir gegenüber anderen Menschen haben: getroffene Vereinbarungen und gemachte Versprechen, das Wohlergehen und die Erziehung der Kinder etc. Diese Art der Verantwortung ist wohlbekannt und von unveränderter Bedeutung.

Die größere Flexibilität in den Geschlechterrollen hat eine neue Dimension der sozialen Verantwortung in den Mittelpunkt gerückt, nämlich die Verteilung der Verantwortung, um das Funktionieren der Familie und die Fürsorge der Kinder zu gewährleisten. Gleichzeitig hat die Besinnung auf die Individualität die Frage der *persönlichen* Verantwortung aufgeworfen, die wir unserem eigenen Leben, unseren Gefühlen und Handlungen gegenüber haben. Etwas hochtrabend ausgedrückt, sprechen wir in diesem Zusammenhang manchmal von *existenzieller* Verantwortung. Manche nennen sie auch *Eigen*-Verantwortung. Dieser Begriff mit all seinen Implikationen und seiner großen

Bedeutung für die Kindererziehung ist noch so neu, dass die ersten Elternjahrgänge immer noch dabei sind, sich an ihn zu gewöhnen.

Stichwort Eigenverantwortung

Lassen Sie mich zuerst von der Bedeutung der Eigenverantwortung im Leben und Zusammenleben von Erwachsenen sprechen, wo dieser Begriff ebenfalls zu großer Unsicherheit und Skepsis geführt hat. Eigenverantwortung meint ja den Schutz der eigenen Integrität, stellt also wieder das Individuum in den Mittelpunkt der Betrachtung. Manche befürchten, dies könne zum Nachteil für die Gemeinschaft sein, und sehen einen egoistischen Individualismus heraufziehen, wenn der Eigenverantwortung eine zu große Bedeutung beigemessen wird.

Über Generationen hinweg wurden die Bedürfnisse der Gruppe oder Familie als Argument benutzt, um den Einzelnen in seinen Entwicklungs- und Entfaltungsmöglichkeiten einzuschränken und zu behindern. Daher ist es sicher verständlich, wenn manche befürchten, jetzt könne das krasse Gegenteil eintreten. Doch alle Erfahrungen sprechen dafür, dass diese Sorge unbegründet ist. Natürlich gibt es Einzelne, die ihren asozialen Egoismus mit dem Hinweis auf ihre Eigenverantwortung rechtfertigen – »Ich darf meine Gefühle nicht verleugnen«, heißt es dann beispielsweise –, doch für die Allgemeinheit stellen diese Einzelnen keine Bedrohung dar. Hingegen weisen alle Erfahrungen aus der therapeutischen Praxis darauf hin, dass ein intaktes Eigenverantwortungsgefühl auch ein Gewinn für die Gemeinschaft ist.

Interessanterweise war dieser Umstand den Ärzten verschiedener Generationen bereits bewusst. Eltern haben mit großer Selbstverständlichkeit die Verantwortung für ihre Kinder in den ersten zwölf bis vierzehn Jahren übernommen. Danach haben sie sich (zu Recht!) Sorgen darum gemacht, ob sich die jungen Menschen auch wirklich zu selbstständigen und – sowohl in sozialer als auch persönlicher Hinsicht – verantwortungsbewussten Erwachsenen entwickeln würden. Viele Menschen haben mit einem Partner zu kämpfen, der im Alter von dreißig Jahren immer noch von seiner Mutter abhängig ist oder sich von einem früheren (Ehe-)Partner steuern lässt. Obwohl wir uns darüber im Klaren sind, dass mangelndes Verantwortungsgefühl katastrophale Folgen für die Gemeinschaft hat, irritiert es uns zuweilen, wenn der Einzelne plötzlich die Verantwortung für sich übernimmt oder dieses Thema auf die Tagesordnung setzt, wie heutzutage üblich. Das liegt vermutlich daran, dass die Begriffe Verantwortung und Macht eng miteinander verknüpft sind. Menschen, die sich über ihre Eigenverantwortung nicht im Klaren oder nicht willens sind, diese zu entwickeln, können leichter manipuliert und gesteuert werden. Auch neigen sie eher dazu – ein interessantes Paradox –, Macht auf Kosten anderer an sich zu reißen. Einem Menschen, der seine Eigenverantwortung kennt, können wir nur gleichwürdig oder gar nicht begegnen.

Aus psychologischer Sicht gibt es zwei gute Argumente, um der Entwicklung der Eigenverantwortung bei Erwachsenen wie Kindern Priorität einzuräumen. Zum einen ist ein intaktes Selbstverantwortungsgefühl der beste Schutz davor, anderen Menschen »zum Opfer zu fallen«. Denn wer für seine individuellen Grenzen und Bedürfnisse – seine persönliche Integrität – nicht selbst Sorge trägt, läuft Gefahr, von anderen übergangen und ausgenutzt zu werden. Auch wenn andere mir wohlgesonnen sind, kennen sie mich keineswegs so gut, wie ich mich selbst kenne. Und selbst wenn sie mich sehr gut kennen, ist es höchst unwahrscheinlich, dass sie mich so gut verstehen, wie ich mich selbst verstehe. Dessen sollte man sich vor allem im Verhältnis zum anderen Geschlecht bewusst sein. Männer und Frauen denken und fühlen anders und haben eine so unterschiedliche Ausdrucksweise, dass es fast einem Wunder gleicht, wenn sie hin und wieder erleben (oder zu erleben glauben?), dass sie einander wirklich verstehen. Liebe hat nur wenig mit Verständnis zu tun, obwohl die Formulierung »Ich verstehe dich gut« häufig als Beleg für eine liebevolle Solidarität oder aufrichtiges Mitgefühl benutzt wird.

Eigenverantwortung bedeutet Schutz für den Einzelnen und gleichzeitig Stärkung der Gemeinschaft.

Zum anderen ist die Eigenverantwortung eines der *systemischsten* Phänomene, die wir kennen. Systemisch bedeutet, dass sie in hohem Grad unser Paarverhältnis beeinflusst – unabhängig davon, ob wir sie übernehmen oder nicht. Je weniger wir zur Eigenverantwortung bereit sind, desto mehr Verantwortung bürden wir unserem Partner auf. Und je weniger Eltern zur Übernahme der Eigenverantwortung bereit sind, desto stärker sind die Schuldgefühle der Kinder. Es ist also viel mehr als »unser *eigenes* Problem«. Wenn wir der Eigenverantwortung ausweichen, belastet dies immer die Familie als Ganzes, wohingegen Menschen mit ausgeprägter Eigenverantwortung immer auch ein Gewinn für die Gemeinschaft sind. Damit bleibt die individuelle, persönliche Verantwortung Teil der Voraussetzung für echte soziale Mitverantwortung, die weit über Selbstaufopferung oder Wohltätigkeit hinausgeht.

Einer der wichtigsten Unterschiede zwischen der sozialen und der Eigenverantwortung ist die Tatsache, dass die soziale Verantwortung weitgehend delegiert werden kann. Dem schmutzigen Boden ist es egal, von wem er gewischt wird, und gebrochene Absprachen fallen ausschließlich auf den zurück, der sie bricht. Mit der Eigenverantwortung verhält es sich anders. Niemand nimmt sie mir ab. Wir können uns mitunter einbilden, dass andere für uns verantwortlich sind, aber das ist eine Illusion. Es ist theoretisch und praktisch unmöglich, die Verantwortung für einen anderen Menschen zu verwalten. Manchmal ist dieser Versuch verlockend, zum Beispiel, wenn Kinder oder Jugendliche ein extrem selbstdestruktives Verhalten an den Tag legen – man denke an Drogenmissbrauch oder Essstörungen –, doch er gelingt niemals. Eltern können auf diese Art und Weise zwar zwischenzeitlich ihr völlig legitimes Bedürfnis befriedigen, dem Leben ihres Kindes einen klar erkennbaren Sinn zu geben – da selbstdestruktive Menschen jedoch nicht gelernt haben, sich selbst zu achten und Eigenverantwortung zu übernehmen, wird diese Illusion für beide Seiten nur von kurzer Dauer sein. Gleichzeitig sind gerade diese Symptome gute Beispiele dafür, wie dramatisch die Konsequenzen für die Allgemeinheit sein können, wenn der Einzelne nicht in der Lage oder nicht willens ist, die Verantwortung für sich zu übernehmen.

Schon der Begriff der Eigenverantwortung klingt möglicherweise furchtbar theoretisch und abstrakt, doch in Wahrheit ist er sehr praktisch und konkret.

Viele moderne Männer fühlen sich im Verhältnis zu den Frauen, mit denen sie zusammenleben, ein wenig in der Defensive und wählen daher verständlicherweise eine defensi-

Verantwortung

ve Strategie, um den Wünschen und Forderungen ihrer Partnerinnen gerecht zu werden sowie Konflikte und lange persönlich-emotionale Gespräche zu vermeiden. So wie die Frauen vor zwei Generationen, versuchen sie im Interesse des Haussegens möglichst »unkompliziert« zu sein.

Sie: »*Ich denke, es ist wirklich an der Zeit, dass wir mal wieder deine Eltern besuchen. Unser letzter Besuch liegt ja schon ziemlich lange zurück. Außerdem sollten sie auch ihre Enkelkinder mal wieder sehen. Was meinst du?*«

Er: »*Ach. So lange her ist der doch gar nicht. Ich weiß nicht genau ... Aber wenn du meinst, dann lass uns doch am Samstag zu ihnen fahren.*«

Sie: »*Ich wollte eigentlich deine Meinung wissen.*«

Er: »*Für mich ist das nicht so wichtig. Wenn du willst, dann fahren wir eben.*«

Sie: »*Ich habe nicht gesagt, dass ich es will, sondern nach deiner Meinung gefragt. Schließlich reden wir hier von deinen Eltern!*«

Er: »*Jetzt reg dich nicht unnötig auf. Ich hab doch ja gesagt. Wir fahren am Samstag.*«

Sie: »*Und wer soll sie anrufen und fragen, ob sie überhaupt zu Hause sind?*«

Er: »*Das kann ich gerne tun. Ich werde versuchen, morgen daran zu denken.*«

Dieser Mann übernimmt keine Verantwortung und macht seinen Standpunkt nicht klar, was seine Partnerin natürlich frustriert, weil sie somit allein für das Projekt verantwortlich bleibt und ihn allenfalls mitschleppt. Im Stillen wird er vermutlich argumentieren, dass es ihm relativ egal ist, ob sie seine Eltern besuchen oder nicht, womit er ein Alibi hat, ihr in jedem Fall »ihren Willen« zu lassen. Er übersieht jedoch, dass es für seine Partnerin und für ihre Beziehung wichtig ist, dass er sich verantwortlich zu ihrem Vorschlag verhält – ungeachtet, was er von ihm hält. So, wie ihr Gespräch verlaufen ist, gibt er

Persönliche Verantwortung: die Fähigkeit und der Wille, über eigene Handlungen und Entscheidungen nachzudenken und ihre Berechtigung zu prüfen.

ihr das Gefühl, die alleinige Verantwortung zu tragen und in ihrer Beziehung allein zu sein. Indem er versucht, ein »unkomplizierter« Partner zu sein, lässt er ihre Beziehung ins Beliebige abgleiten.

Eine entsprechende Dynamik entwickelt sich oft zwischen Eltern und Kindern:

Szene in einem großen Einkaufszentrum. Eine offensichtlich erschöpfte Mutter hat drei Einkaufstüten in jeder Hand. Ihre dreijährige Tochter geht hinter ihr.

Tochter: »Mama, ich kann nicht mehr laufen.«

Die Mutter dreht sich langsam um und versucht ihre Erschöpfung hinter pädagogischem Optimismus zu verbergen: »Doch, mein Schatz, die paar Schritte schaffst du bestimmt noch, wenn wir langsam gehen.«

Die Tochter legt sich auf den Boden und hebt die Stimme um eine Oktave: »Maaama, ich kann nicht! Du musst mich tragen!«

Die Mutter überlegt einen Augenblick. Dann breitet sich ein Ausdruck der Resignation in ihrem Gesicht aus. Langsam nimmt sie alle sechs Tüten in eine Hand, nimmt dann ihre Tochter auf den freien Arm, geht zu ihrem Fahrrad und fährt nach Hause.

Verantwortung

Diese Mutter trifft eine defensive Entscheidung, weil sie einem drohenden Konflikt ausweichen möchte oder weil sie in der konkreten Situation einfach keine andere Lösung sieht. Doch unabhängig von den Gründen wäre es für beide und nicht zuletzt für ihre Beziehung besser gewesen, wenn sie zum Beispiel folgendermaßen reagiert hätte:

Mutter: »*Sind deine Beine wirklich so müde, dass du es nicht mehr bis zum Fahrrad schaffst?*«

Tochter: »*Ja, ich kann nicht mehr laufen!*«

Mutter: »*Okay. Ich bin auch müde und kann nicht gleichzeitig dich und die Tüten tragen. Kannst du hierbleiben und auf die Hälfte der Tüten aufpassen, während ich die anderen schon mal zum Fahrrad bringe? Dann komme ich zurück und hole dich.*«

Tochter: »*Nein, ich will mit dir gehen!*«

Mutter: »*Wenn du das willst, dann musst du alleine laufen. Ich kann dich jetzt nicht tragen.*«

Wenn die Mutter ihre Worte in die Tat umsetzte, würde die Tochter zwar sauer auf sie sein, dann jedoch aufstehen und ihr folgen. (Eigenverantwortung »steckt an«.) Die Mutter hätte sich aber auch für eine andere Lösung entscheiden können:

Mutter: »*Ich sehe, dass du sehr müde bist. Das bin ich auch. Ich bin so müde, dass ich es nicht schaffe, dich und die Tüten zu tragen. Also setzen wir uns jetzt hier an die Wand und ruhen uns beide ein bisschen aus, bis du weitergehen kannst.*«

Beim ersten Beispiel lässt sich die Mutter durch die Quengelei ihrer Tochter manipulieren, was für beide nicht gut ist. Die Mutter bietet den geforderten Service, aber auf Kosten ihres eigenen Wohlbefindens – sie »opfert« sich, wie wir sagen. Ein Opfer, das die Tochter mit ihren Schuldgefühlen auf lange Sicht teuer bezahlen muss. Doch auch die Mutter bezahlt ihren Preis, indem es für sie immer schwieriger wird, sich über ihre Tochter zu freuen, weil sie ihr Verhältnis als anstrengender und konfliktreicher empfindet, als sie es sich je vorgestellt hat.

> Wenn wir etwas für den anderen tun, um einem Konflikt zu entgehen, müssen beide Seiten dafür bezahlen.

Manche werden einwenden, das Verhalten der Mutter sei durchaus angemessen gewesen, wenn man die negative Aufmerksamkeit bedenkt, die eine offene Auseinandersetzung in einem öffentlichen Raum mit sich gebracht hätte. Auf diesen Einwand möchte ich mit einer Frage reagieren: Wer ist für die Qualität ihrer Beziehung verantwortlich? Die Mutter oder ein paar wildfremde Menschen in einem Supermarkt?

Es geht hier nicht darum, wer seinen Willen bekommt. Die Tochter legt es nicht auf einen Machtkampf an, sondern bringt nur das zum Ausdruck, was sie in diesem Moment am meisten will. An einem anderen Tag, an dem die Mutter ausgeruhter gewesen wäre, hätte sie dieselbe Entscheidung treffen können, nämlich Tüten und Kind gleichzeitig zu tragen. Hätte sie diese Entscheidung im Einklang mit ihrer überschüssigen Energie und der Bereitschaft zur Fürsorge getroffen, wäre sie in Ordnung gewesen. Aber dann wäre die Tochter auch nicht mit der Resignation und widerwilligen Opferbereitschaft ihrer Mutter konfrontiert gewesen.

Verantwortungsbewusste Entscheidungen treffen

Die Dynamik in einer Familie ist bestimmten Mustern unterworfen. Wenn man defensive Entscheidungen trifft – also solche Entscheidungen, mit denen man etwas *umgehen* will –, dann hat dies stets zur Folge, dass sich der Konflikt, den man vermeiden wollte, weiter verstärkt. Konflikte können ausgesetzt, aber nicht vermieden werden. Das Gegenteil einer defensiven Entscheidung ist die verantwortungsbewusste Entscheidung.

Es besteht ein großer Unterschied zwischen Kompromissen mit anderen und den Kompromissen, die man mit sich selbst schließt, und wir müssen im Einzelfall stets sehr genau prüfen, wo die Grenze verläuft. Wenn der eine die Wände des Wohnzimmers weiß, der andere jedoch grün streichen möchte, kann es notwendig sein, dass einer der beiden Partner nachgibt oder dass man nach einer ganz anderen Lösung sucht, mit der beide leben können. Wer einen Kompromiss eingeht, muss sich selbst darüber Rechenschaft ablegen, ob es sich um einen verantwortungsbewussten Kompromiss handelt. Er ist verantwortungsbewusst, wenn er dem anderen nicht im Stillen angekreidet und seinem Schuldenstand zugerechnet wird. (Bei der grünen Farbe hast du deinen Willen bekommen. Aber wenn es um die Badezimmerfliesen geht, bin ich dran!) Es spricht nichts dagegen, ein Bedürfnis, eine momentane Lust oder einen Wunsch mit Rücksicht auf die Gemeinschaft aufzugeben, solange wir für diese Entscheidung einstehen und sie nicht dem anderen vorwerfen. In gleicher Weise kann man den Wünschen und Bedürfnissen seines Partners entgegenkommen, wenn man dies verantwortlich tut.

Anders verhält es sich, wenn jemand weder Respekt noch Sympathie für die Freunde oder Familienangehörigen des Partners empfindet und daher vor der Wahl steht, entweder nicht in Erscheinung zu treten oder sich auf ein Schauspiel einzulassen. Oder wenn einer der Partner Sexualpraktiken durchführen will, die dem anderen physischen Schmerz bereiten oder mit dessen Moralvorstellungen nicht vereinbar sind. Wenn so viel auf dem Spiel steht, müssen wir uns dafür entscheiden, unsere persönliche Integrität zu schützen. Dafür können wir zwar nicht den Beifall des anderen, wohl aber dessen Respekt erwarten. Kompromisse in Bezug auf die persönliche Integrität einzugehen, um die Harmonie einer Partnerschaft zu fördern, gleicht einer tickenden Zeitbombe. Da es aber, wie bereits erwähnt, viele Jahre dauern kann, bis wir in der Lage sind, einigermaßen zwischen authentischen und nicht authentischen Entscheidungen zu unterscheiden, verzichten die meisten darauf. Die Zeitbombe kann nur entschärft werden, wenn wir die volle persönliche Verantwortung für unsere Fehleinschätzung übernehmen – auch wenn dies unter dem emotionalen Druck des Partners geschieht.

Die Herausforderungen sind vielgestaltig und von unterschiedlicher Tragweite:

* Bin ich bereit, meinem Partner in dessen Heimatland zu folgen, weil er es vermisst und dort bessere Arbeitsmöglichkeiten hat?

* Will ich den Kurs, für den ich mich bereits angemeldet hatte, absagen und stattdessen auf die Kinder aufpassen, während mein Partner einen Kurs besucht?

Verantwortung

* Will ich gemeinsam mit meiner Partnerin deren beste Freundin und ihren Mann besuchen, obwohl ich eigentlich nichts mit ihnen anfangen kann?
* Soll ich meine Freundin aufgeben, weil sie sich nicht mit meinen Kindern versteht?
* Soll ich meinem Partner zuliebe am Gottesdienst teilnehmen, obwohl ich Atheistin bin?
* Zweimal hat er mich in diesem Monat schon geschlagen. Soll ich weitere Gewalt in Kauf nehmen?
* Meine Partnerin ist mir untreu gewesen. Soll ich unsere Beziehung trotzdem fortsetzen?

Falls man diese Fragen mit »ja« beantwortet, lautet die vollständige Antwort folgendermaßen: »Ja, das will ich, und ich werde die volle Verantwortung für diese Entscheidung übernehmen.« Lautet die Antwort: »Ja, aber ...«, hat man entweder noch nicht ausreichend darüber nachgedacht oder bereits begonnen aufzurechnen. Ist die Antwort »nein«, sollte man sich dennoch weitere Zeit zum Nachdenken einräumen, um sein Nein zu überprüfen – was im Übrigen nichts mit einer Kosten-Nutzen-Analyse zu tun hat.

Der entscheidende Punkt ist und bleibt, dass wir die Verantwortung für uns selbst übernehmen müssen, weil das u.a. die Qualität unserer Beziehung verbessert. Dass auch die Qualität unserer individuellen Existenz zunimmt, macht daraus noch kein egoistisches Projekt.

Der Einfluss auf die Gemeinschaft sticht vielleicht in den Beziehungen am deutlichsten ins Auge, in denen einer der Partner ganz offensichtlich nicht in der Lage ist, Eigenverantwortung zu übernehmen, zum Beispiel aufgrund seiner Drogenabhängigkeit. Doch auch weniger auffällige

Formen selbstdestruktiven Verhaltens haben weitgehende negative Konsequenzen. Hierbei kann es sich um den entgegenkommenden, hilfsbereiten Musterschüler handeln, der niemals seine eigene Meinung sagt oder irgendwo aneckt. Es kann um den latent Paranoiden gehen, der sich permanent in der Opferrolle wähnt, oder um einen Menschen,

Um Eigenverantwortung zu übernehmen brauchen wir Übung und die Sicherheit, dass sie uns nicht negativ angerechnet wird.

dessen Aggressionen immer wieder explosionsartig hervorbrechen und der stets einen Schuldigen für sein Verhalten findet.

So, wie wir uns oft gegenseitig helfen müssen, »nein« zu sagen (auch zueinander), sind wir auf Unterstützung angewiesen, wenn es darum geht, sich Eigenverantwortung zuzutrauen. Ich schreibe bewusst »zuzutrauen«, weil viele immer noch in Familien aufwachsen, in denen Liebe und Eigenverantwortung sich ausschließen – in denen man sich immer noch der Mehrheit oder den Dominierenden zu beugen hat. In solchen Familien herrscht nicht nur ein Mangel an Übung, was die Übernahme von Eigenverantwortung betrifft, sondern zumeist auch Angst, dass diese als unsozial und lieblos empfunden wird.

Letzteres gilt insbesondere für Kinder, die in hohem Maß darauf eingestellt sind, ihre Integrität zugunsten von elterlicher Aufmerksamkeit, Liebe und Lob aufzugeben – oder aus Angst vor den Strafen und Konsequenzen, die sie befürchten.

Der erste deutliche Versuch der Kinder, die persönliche Verantwortung zurückzugewinnen, die ihre Eltern für sie übernommen haben, geschieht in der Regel mit etwa zweieinhalb Jahren, also in dem Alter, das wir gemeinhin und fehlerhaft als »Trotzalter« bezeichnen. Zu diesem Zeitpunkt wollen sie plötzlich viele Dinge selbst tun, die bisher von den Eltern übernommen wurden. Einige dieser Dinge können sie fortan tatsächlich selbst in die Hand nehmen, während andere noch ein wenig warten müssen. Kinder dieses Alters können ihre eigenen Fähigkeiten noch nicht einschätzen, wollen jedoch stets mehr, als sie können, weil das die einzige Möglichkeit ist, sich zu entwickeln. Es gibt immer noch Kulturen, in denen die Eltern die von den Kindern eingeforderte Eigenverantwortung als Kriegserklärung betrachten – als Anschlag auf ihre Macht –, daher wissen wir auch, dass der kindliche Wille zur Eigenverantwortung im Laufe weniger Monate gebrochen werden kann.

Handelt es sich bei Zweijährigen im Wesentlichen um alltägliche Vorgänge, um Schuhe anziehen, Zähne putzen, Kuchen backen u. Ä. – also um das aktive Erforschen ihrer Umgebung und das Infragestellen der Unentbehrlichkeit ihrer Eltern –, geht es in der nächsten entscheidenden Phase, der Pubertät, um existenzielle Fragen. Wer bin ich? Wer will ich sein? Inwieweit ähnele ich meinen Eltern? Wo unterscheiden wir uns? Soll ich neue Vorbilder suchen, oder habe ich so schlechte Erfahrungen gemacht, dass ich nur auf mich selbst höre?

Schon kleine Kinder können in bestimmten Punkten die Verantwortung für sich selbst übernehmen. Über die Art und den Umfang sind wir uns noch nicht völlig im Klaren, doch bislang deutet alles darauf hin, dass die individuellen Unterschiede groß sind und die Übernahme natürlich davon abhängt, ob die Eltern ein Auge für diese Fähigkeit ihres Kindes haben oder vor allem damit beschäftigt sind, ihren Status als alleiniger Garant von Fürsorge und Verantwortung zu bewahren.

Verantwortung

Kinder können im Großen und Ganzen die Eigenverantwortung in folgenden Punkten übernehmen:

* Sie können von Geburt an die Verantwortung für ihren Geschmack und Appetit übernehmen.
* Sie können die Verantwortung für den Charakter der Beziehungen zu Erwachsenen übernehmen, die nicht ihrer unmittelbaren Familie angehören.
* Ungefähr zur Zeit der Einschulung können sie die Verantwortung für ihr Schlafbedürfnis übernehmen.
* Sie können die Verantwortung für ihre Hausaufgaben übernehmen.
* Für die Auswahl ihrer Freunde.
* Für Aussehen und Kleidung.
* Für den Umgang mit ihrem Taschengeld.
* Für ihre Gefühle und Handlungen.
* Für ihre eigene Verpflegung, ihre Kleidung und ihre Hygiene.

Für all diese und weitere Dinge können Kinder die Verantwortung übernehmen, wenn sie zirka zwölf Jahre alt sind. Voraussetzung dafür ist allerdings die richtige Anleitung durch die Eltern. Auch sollten sie sich bemühen, ihre persönliche Verantwortung im Zusammenspiel untereinander und mit den Kindern deutlich zu machen. Auf die Frage der Führung werde ich in einem späteren Kapitel zu sprechen kommen und mich im Folgenden mit der Eigenverantwortung der Erwachsenen im Umgang mit Kindern beschäftigen.

Verantwortung

Nein sagen, Grenzen setzen

Wenn wir versuchen, so authentisch und verantwortungsbewusst wie möglich zu sein, bedeutet dies, dass wir hin
und wieder auch »nein« zu anderen sagen müssen. Vieles
deutet darauf hin, dass wir nur sehr ungern »nein« zu unseren Kindern sagen. Ich kann dieses Phänomen nicht erklären, doch lässt sich konstatieren, dass verschiedene
Kulturen und Generationen auf unterschiedliche Art versucht haben, mit ihrem Unbehagen umzugehen. Meine Eltern und ihre Generation sagten immer »nein« – quasi sicherheitshalber. Ihr Unbehagen zeigte sich darin, dass ihr
Nein oft einen unfreundlichen, aggressiven, vorwurfsvol-
len Ton hatte und sich in stehenden Wendungen äußerte
wie: »Ein Nein ist ein Nein und damit basta!« Oder:
»Wenn ich nein sage, dann meine ich auch nein!« In den
letzten zehn bis fünfzehn Jahren haben Eltern – vor allem
in Nordeuropa – die entgegengesetzte Strategie gewählt.
Sie sagen sicherheitshalber immer »ja«. Doch beide Strate-
gien belasten das Verhältnis zwischen Eltern und Kindern
gleichermaßen. Die Kinder der damaligen Zeit wuchsen
mit dem Gefühl auf, etwas Unrechtmäßiges zu fordern,
wenn sie ihre Bedürfnisse zum Ausdruck brachten. Die
Kinder der heutigen Zeit wachsen mit der Illusion auf, dass
ihnen alles zusteht, worauf sie Lust haben.

Die Eltern der Nachkriegszeit konnten ihr Nein entweder mit der schwierigen ökonomischen Lage oder dem
Wertekonsens der Gesellschaft begründen. Ein Großteil
der heutigen Eltern kann auf diese Argumente nicht mehr
zurückgreifen – Argumente, die einen äußerlichen Charakter haben. Ihren eigenen Wertmaßstäben vertrauen sie
nur selten. Letzteres hängt damit zusammen, dass Kinder-

erziehung vor fünfzig Jahren zu achtzig Prozent auf Moral und zu zwanzig Prozent auf Wissen basierte. Heute ist es umgekehrt. Unser Wissen über Kinder ist in den letzten dreißig Jahren sozusagen explodiert, weil wir ihnen mehr Interesse entgegenbrachten als jede andere Generation zuvor.

Darum holen viele Eltern vernünftigerweise Rat ein, wenn sie im Zweifel sind:

* Wie viele Stunden dürfen Kinder am Tag fernsehen?
* Schadet es Kindern, wenn sie sechs, sieben Stunden täglich mit Computerspielen verbringen?
* Brauchen Kinder Grenzen? Welche?

Es ist nicht leicht, Wissen zu sammeln, mit dessen Hilfe sich diese und andere Fragen beantworten lassen. Obwohl wir in einer Welt leben, die mehr Respekt vor Untersuchungen als vor Erfahrungen zu haben scheint, sind doch nicht alle Untersuchungen gleich vertrauenswürdig, und zur Beantwortung vieler Fragen fehlt uns ganz einfach die Erfahrung. Eltern sind also darauf angewiesen, sich auf die vielen Bücher zum Thema oder auf ein paar wenige Menschen zu stützen, denen sie vertrauen – eine Erzieherin im Kindergarten, Familienmitglieder, gute Freunde, den Kinderarzt etc. Auf dieser Grundlage müssen Eltern sich zu einer eigenen Haltung durchringen und im Zusammenspiel mit den Kindern ihre Erfahrungen sammeln, um immer wieder notwendige Korrekturen durchzuführen. Die heutigen Eltern sind in dieser Hinsicht echte Pioniere, mit denen die Fachleute oft nicht Schritt halten können.

Es scheint vor allem einen Faktor zu geben, der dem Wohlergehen vieler Familien heute im Wege steht. Eigentlich ist es ein Ziel, fungiert aber als eine Art über-übergeordneter Wert. Es geht um den allumfassenden Wunsch der Eltern, ihren Nachkommen eine bessere Kindheit zu ermöglichen, als sie selbst hatten. Das Ziel an sich ist nicht das Problem, sondern die Tatsache, dass bei der Umsetzung in die Praxis viel zu unreflektiert gedacht wird. Wir neigen dazu, mehr in *Gegensätzen* als in *Alternativen* zu denken – ein Umstand, der die gesamte Debatte um Kinder, Eltern, Erziehung und Pädagogik kennzeichnet.

Ein Teil meiner eigenen Generation, die mit zahlreichen Verboten, Geboten und Pflichten aufwuchs, reagierte mit dem Versuch einer »freien Erziehung«, die allerdings mit sich führte, dass viele Eltern sich jeglicher Führung oder Einflussnahme auf die Kinder enthielten. Die Kinder freuten sich über diese Freiheit, vermissten jedoch die Zuwendung und das Engagement der Erwachsenen. Die heutige Elterngeneration im Norden scheint dies mit konstanter Aufmerksamkeit kompensieren zu wollen. Ihre Kinder sollen unter allen Umständen genug Liebe und Zuwendung bekommen. In großen Teilen Osteuropas erinnern sich Eltern an eine Kindheit, die von harter Arbeit und materieller Not geprägt war. Daher sind sie fest entschlossen, es ihren Kindern in materieller Hinsicht an nichts fehlen zu lassen und ihnen körperliche Arbeit zu ersparen – das gilt für Kinder wie für Jugendliche und Erwachsene. Kinder und Jugendliche arbeiten wie üblich Hand in Hand, lassen sich bedienen, stellen hohe Forderungen und sind anscheinend blind dafür, dass ihre Eltern oft mehrere Jobs haben und sich in Schulden stürzen müssen, um ihren Ansprüchen gerecht zu werden. Das Problem besteht darin, dass Eltern ihre Kinder nicht so sehen, wie sie sind, sondern sich einem letztlich selbstbezogenen Projekt widmen, in dem sie im buchstäblichen Sinne alles in eine Kindheit investieren, die nur in ihrer Phantasie existiert. Anstatt fröhliche, harmonische Kinder aufzuziehen, die die Opfer ihrer Eltern auch zu schätzen wissen, erhalten sie zu ihrer großen Enttäuschung fordernde, unzufriedene und egozentrische Kinder, weil sie stets das Verkehrte bekommen.

In beiden Kulturen sehen wir Familien, in denen das Verhältnis zwischen Kindern und Erwachsenen alles andere als gleichwürdig ist. Der Thron des Patriarchen ist nicht aus dem Haus geworfen, sondern von den Kindern in Besitz genommen worden – zum Schaden beider Seiten. Man hat sich für das Gegenteil entschieden, anstatt mögliche Alternativen zu erproben. Ohne solide Wertegrundlage besteht ein großes Risiko, dass sich die Fehler der Vergangenheit unter umgekehrten Vorzeichen wiederholen. So ist zum Beispiel eine antimaterielle Welle denkbar. Man nimmt die »Dinge« als das eigentliche Problem, nicht als Symptom. Das eigentliche Problem ist aber die Funktion der Dinge als Liebessymbol im Verhältnis zwischen Eltern und Kindern. Und so beginnt alles wieder von vorne.

Wir stehen in einer langen Tradition, in der Konflikte zwischen Kindern und Erwachsenen vorwiegend dadurch »gelöst« wurden, dass die Erwachsenen ihr Machtmonopol benutzten, um mit den Wünschen der Kinder kurzen Prozess zu machen und ihre eigenen Vorstellungen durchzusetzen. Und was ist eigentlich die Alternative hierzu, wenn weder demokratische Verhältnisse noch Kindesmacht herrschen sollen, die ja das Gegenteil bedeutet?

Diese Frage werde ich in Kapitel sechs zu beantworten versuchen und mich an dieser Stelle damit begnügen, die Rolle der bisher beschriebenen Werte im Konflikt zwischen Eltern und Kindern zu skizzieren. Da ein Konflikt als eine Situation definiert ist, in der zwei Menschen etwas Unterschiedliches wollen, besteht mindestens die Hälfte der gemeinsamen Zeit von Kindern und Eltern aus Konflikten.

Mit Konflikten umgehen

Die kurze Antwort auf obige Frage zum Umgang mit Konflikten, der nicht auf Machtmissbrauch beruht, lautet: Man sagt »ja«, wenn man ja meint, und »nein«, wenn man nein meint, und wenn man zweifelt, sollte man sich Zeit zum Nachdenken geben. Ist es wirklich so einfach? Ja, das ist es tatsächlich, wenn man in der Lage ist, eine Entscheidung zu treffen, und sich nicht von sekundären Überlegungen korrumpieren lässt. Solche Überlegungen sind zum Beispiel:

»Ich sehe Konflikte als Zeichen, dass etwas in unserer Beziehung nicht stimmt. Deshalb tue ich auch alles, um sie zu vermeiden, sage ja, wo ich eigentlich nein sagen sollte.«

Eine schlechte Idee! In einer intakten Familie gibt es permanent größere und kleinere Konflikte. Je mehr man versucht, ihnen aus dem Weg zu gehen, desto größer werden sie und schaden der Beziehung.

»Ich sehe meine Kinder nur an zwei Wochenenden im Monat und eine Woche in den Sommerferien, also möchte ich, dass wir es in dieser Zeit besonders schön miteinander haben.«

Trotzdem hat es keinen Zweck, Konflikten aus dem Weg zu gehen. Denn es ist weder möglich, die kurze gemeinsame Zeit noch die Schmerzen zu kompensieren, die den Kindern durch die Scheidung zugefügt wurden. Auf diese Art und Weise werden die Kinder die authentische, persönliche Gegenwart vermissen und verlieren einen Elternteil damit in doppelter Hinsicht.

»Wir haben immer so schrecklich viel zu tun, und ich leide unter permanenten Schuldgefühlen, so wenig Zeit für die Kinder zu haben.«

Wer Schuldgefühle hat, sollte zunächst prüfen, ob diese berechtigt sind. Wenn sie es sind, kann man entweder versuchen, seine Lebensumstände zu verändern, oder sich mit der Situation abfinden und die volle Verantwortung für sie übernehmen. Schuldgefühle zerstören den Selbstrespekt, verhindern die Gleichwürdigkeit und vermitteln den Kindern das Gefühl, eine Belastung zu sein.

»Ich komme nicht damit zurecht, dass meine Kinder unglücklich werden, wenn ich nein sage.«

Kinder werden nicht unglücklich, wenn sie ein Nein hören. Sie werden frustriert, aber das ist etwas ganz anderes. Die Kindheit ist ein langer Lernprozess, in dem Frustration und Lerneffekt unauflöslich miteinander verbunden sind. Kinder brauchen empfindsame und sensible Eltern, nicht sentimentale.

»Oft möchte ich nein sagen, doch fehlen mir meist die richtigen Argumente.«

Es ist gut, Kindern eine Erklärung zu geben, doch manchmal haben wir einfach keine. Also ist es vollkommen in Ordnung, instinktive oder intuitive Entscheidungen zu treffen.

»Es fällt so schwer, nein zu sagen, wenn alle anderen in der Klasse die Erlaubnis haben.«

Stellen Sie sich folgendes Dokument vor: Ich, Mathildes Mutter, übertrage hiermit die Verantwortung für ihre Erziehung den anderen Eltern in der Klasse. Sind Sie bereit, dieses Dokument zu unterschreiben?

»Der Vater der Kinder verhält sich vollkommen verantwortungslos, indem er ihnen absolut jeden Wunsch erfüllt. Desto mehr bin ich gezwungen, nein zu sagen.«

Es ist ja nicht so, dass es ein bestimmtes Quantum an Neins gibt, derer die Kinder bedürfen. Vom Verhalten des Exmanns sollte sich diese Frau nicht beeinflussen lassen, sondern »ja« und »nein« sagen, wie es ihr richtig erscheint.

Haben Kinder ein Nein überhaupt nötig? Ja und nein! Kinder sind zweifellos darauf angewiesen, dass wir »ja« sagen – zu ihrer Ankunft in der Familie, zu ihrer Existenz und zu den Erlebnissen und der Entwicklung, mit denen sie uns konfrontieren. Aber sind sie auch hin und wieder auf unser Nein angewiesen?

Ich glaube, die Frage ist falsch gestellt. Kinder sind in jedem Fall auf die authentische Gegenwart ihrer Eltern angewiesen. Sie brauchen ein lebendiges gemeinsames Leben mit Menschen aus Fleisch und Blut. Viele Menschen bedienen sich hinsichtlich der Herausforderungen, vor die uns Kinder stellen, einer etwas veralteten Formulierung: Sie sagen, Kinder »erproben ihre Grenzen« oder »suchen ihre Grenzen«. Sieht man

Kinder brauchen kein Nein, damit sie Grenzen erfahren. Kinder brauchen ein Nein, das aus innerer Überzeugung kommt.

genauer hin, wird man feststellen, dass die scheinbare Suche davon abhängt, wie sehr die Eltern nur eine Rolle »spielen«, anstatt sich authentisch zu verhalten. Nach meiner Erfahrung ist das Ziel der Kinder ein anderes, nämlich zu untersuchen, ob sich ein *Mensch* hinter der Rolle verbirgt. Sie fordern unsere Fähigkeit und unseren Willen heraus, uns authentisch, gegenwärtig und glaubwürdig zu verhalten.

Wenn wir ein authentisches Verhältnis zu den Menschen anstreben, die wir lieben und mit denen wir eine Familie bilden, müssen wir aus einem einfachen Grund hin und wieder »nein« sagen: Weil wir das Bedürfnis haben, zu uns selbst und unserer eigenen Integrität »ja« zu sagen. Wir müssen manchmal zu anderen »nein« sagen, um selbst intakt zu bleiben, um keine faulen Kompromisse mit uns selbst einzugehen – um also fähig zu bleiben, die Gleichwürdigkeit innerhalb der Familie zu wahren und zu fördern. Es geht nicht um das Nein an sich, sondern um ein Nein, das guten Gewissens ausgesprochen wird. Wir müssen den Unterschied begreifen zwischen einem liebevollen, einem lieblosen und einem verantwortungslosen Nein.

Das lieblose Nein ist jenes, das eine Rechtfertigung oder Erklärung erfordert, die von außerhalb unseres Selbst kommt:

* Nein, weil man so etwas einfach nicht fragt.
* Nein, weil du nicht brav gewesen bist.
* Nein, weil du so quengelst.
* Nein, weil auch du »nein« gesagt hast.
* Nein, weil es unsinnig ist.
* Nein, weil du total müde bist.

* Nein, du hast doch selbst gehört, was dein Lehrer gesagt hat.

Das liebevolle Nein ist persönlich und bedarf nicht unbedingt einer Erklärung:

* Nein, weil ich nicht will.
* Nein, weil ich lieber etwas anderes will.
* Nein, weil ich dafür nicht einstehen kann.

Das verantwortungslose Nein ist das Nein, das wir mit Versprechungen und Entschuldigungen aufzuweichen versuchen:

* Nein, mein Schatz, jetzt nicht ... aber vielleicht später.
* Mama ist jetzt so müde ... Kannst du nicht ein bisschen alleine spielen?

Lassen Sie mich eine klassische Szene beschreiben: Der Vater sitzt auf dem Sofa und liest Zeitung. Die zweijährige Tochter kommt mit einem Bilderbuch und will, dass man ihr vorliest. Der Vater senkt die Zeitung, sieht die Kleine liebevoll an und sagt: »Nein, Sophie, ich will jetzt nicht für dich lesen.« Dann nimmt er seine Zeitungslektüre wieder auf.

Dieselbe Szene vor vierzig Jahren: Der Vater senkt für einen Augenblick die Zeitung und wirft dem Kind einen strengen Blick zu, der besagt: »Siehst du nicht, dass ich Zeitung lese? Du solltest wissen, dass man seinen Vater dabei nicht stört!« Möglicherweise dreht der Vater auch bloß den Kopf in Richtung Küche, um den Namen seiner Frau in einem Ton zu rufen, der mehr als nur andeutet, dass sie ihre Pflicht vernachlässigt, die da wäre, rechtzeitig den Wunsch des Kindes zu bemerken, es leise mit in die Küche zu nehmen und ihm dort zu sagen: »Pst, Papa liest Zeitung. Du darfst ihn jetzt nicht stören!«

Eine Generation später ist das Verhalten der Eltern genauso konform, nur in umgekehrter Richtung. Wehe dem Vater, der die Zeitung seinem Kind vorzieht – vor allem, wenn die Mutter des Kindes dies bemerkt.

> Die Alternative ist das persönliche, situationsbezogene Nein oder Ja, das der Erwachsene in Übereinstimmung mit sich selbst ausspricht, nachdem er den Wunsch des Kindes abgewägt hat.

Dasselbe Verhalten also, das man an den Tag legen sollte, wenn der erwachsene Partner Sex möchte oder einen Spaziergang vorschlägt, anstatt sich vor den Fernseher zu setzen.

Die Übung besteht darin, sich die großen, unglücklichen Augen der Zweijährigen vorzustellen, die fragen: »Ist das dein Ernst? Willst du wirklich diese blöde Zeitung deiner heiß geliebten, unwiderstehlichen Tochter vorziehen?« Die innere Antwort lautet: »Ja, mein Schatz, das will ich in diesem Moment.« Jedes gesunde, zweijährige Kind wird eine Reaktion zeigen, die in etwa bedeutet: »Doofer Papa!«, worauf die Antwort lautet: »Ja, so ist das gerade.« Doch nachdem man sich guten Gewissens so verhalten hat, wächst die Qualität der Beziehung zwischen Vater und Kind (vorausgesetzt natürlich, dass man nicht immer mit nein antwortet).

Aber können Kinder so etwas überhaupt begreifen? Nein, das können sie nicht. Doch darin besteht eben der Entwicklungsprozess des Kindes: mit Dingen konfrontiert zu werden, deren Sinn sich ihm erst im Laufe der Zeit erschließt.

Verantwortung

Was ist mit der Enttäuschung des Kindes, abgewiesen zu werden? Das ist eine gesunde und natürliche Reaktion, für die Zeit und Platz ist. Nicht um abzulenken, zu beruhigen oder zu trösten, sondern Zeit für das Kind, seinen Gefühlen Ausdruck zu geben und eine wichtige Erfahrung zu machen. Im ersten Moment kann es schwierig sein, die Enttäuschung und die Tränen des Kindes zu ertragen, doch diese Schwierigkeit wird von dem langfristigen Vorteil für das Kind mehr als aufgewogen – dem Vorteil, in einer Familie aufzuwachsen, in der persönliche Verantwortung übernommen wird. Spätestens mit zwölf, dreizehn Jahren wird ihm diese Erfahrung zugute kommen, wenn es selbst ja oder nein zu Alkohol, Drogen, Sex, Pornografie, zudringlichen Erwachsenen oder grenzüberschreitenden Freunden sagen muss. Kinder müssen ganz einfach lernen, dass »nein« zu sagen ein notwendiger Teil menschlicher Beziehungen ist, seien sie familiärer, freundschaftlicher, professioneller oder sozialer Natur.

Vor allem Mütter leiden in dieser Hinsicht unter Gewissensbissen. Ich habe mit vielen Müttern gesprochen, die erleben, ständig »nein« sagen zu müssen, doch nicht gehört oder respektiert werden. Die Erklärung liegt oft darin, dass ihr Nein ein bedingtes Nein ist. Sie sagen zwar »nein«, doch ein Nebenton in ihrer Stimme fügt hinzu: »... wenn du nicht allzu unglücklich darüber bist oder findest, dass ich eine schlechte Mutter bin.« Sie sagen also zwei Dinge auf einmal und enden als Opfer, weil die Kinder und Erwachsenen in ihrer Umgebung natürlich das hören, was sie am liebsten hören wollen.

Wenn die Erwachsenen mit der Zeit lernen, die Verantwortung für ihre Gefühle, Gedanken und Werte zu übernehmen, kommt dies der Balance zwischen ihnen und den

108

Kindern zugute. Für manche Elternjahrgänge ist das eine schwierige Einsicht, weil ihr großer und sympathischer Wille, demokratischen Rechten auch in der Familie Geltung zu verschaffen, auf Kosten ihrer Eigenverantwortung ging. Zu den demokratischen Rechten gehört beispielsweise der Anspruch des Kindes auf eine Erklärung, was dazu führte, dass Eltern sich den Mund fusselig redeten und nach ständiger Harmonie strebten – die Kinder sollten ihr Nein nicht nur akzeptieren, sondern auch dessen Richtigkeit einsehen und ihm letztlich zustimmen. In der Praxis bedeutete dies, dass viele Eltern auf das Verständnis und die Zustimmung ihrer Kinder angewiesen waren, womit plötzlich die Kinder für das Wohlergehen der Familie verantwortlich waren – zum Schaden beider Seiten.

> Das Gegenstück zur Elterndiktatur ist die Kinderdiktatur. Die Alternativen heißen Gleichwürdigkeit und persönliche Verantwortung.

Notwendige Fürsorge vs. Bevormundung

Die Tatsache, dass Kinder in vielen Punkten in der Lage sind, Eigenverantwortung zu übernehmen, stellt unsere traditionelle Vorstellung von elterlicher Macht und Fürsorge in Frage.

Unseren Idealen zum Trotz sind physische und psychische Fürsorge immer noch eine weibliche Domäne, noch dazu eine, die im Laufe der Geschichte so idealisiert und idyllisiert wurde, dass es einem Sakrileg gleichkommt, ihre Qualität zu hinterfragen oder auf ihre weniger angenehmen Seiten hinzuweisen. Ich werde im Folgenden beides tun und dabei so behutsam wie möglich vorgehen.

Über Generationen haben wir die Fürsorge gegenüber unseren Kindern als allumfassende Verantwortung für ihr gesamtes Leben angesehen. Wir haben ihnen gesagt, wann sie hungrig und wann sie satt sind, wann sie die Zähne putzen und wann sie schlafen müssen. Ebenso verhielt es sich mit dem Aufstehen, auf die Toilette gehen, Hausaufgaben machen, Unterhosen wechseln etc. Wir haben ihnen vorgeschrieben, wofür sie ihr Taschengeld auszugeben haben, wie sie ihre Freizeit gestalten und welche Freunde sie sich aussuchen sollen, kurz und gut, was am besten für ihre Gegenwart und Zukunft sei. Wir haben sie nicht nur an die Hand genommen, wenn etwas Neues auftauchte, sondern insgesamt dafür gesorgt, dass sie die elterliche Fürsorge wie ein sanfter Strom umspülte, und zwar von ihrer Geburt an bis zum Tage ihres Auszugs und manchmal darüber hinaus. Gleichzeitig haben wir uns darüber beklagt, sie seien unselbstständig und verantwortungslos, und uns beklommen gefragt, wie sie wohl jemals eine eigene Familie gründen wollen. Doch niemand sollte auch nur andeuten, die Verantwortungslosigkeit liege möglicherweise auf unserer Seite. Wir haben doch immer *alles* für sie getan!

In großen Teilen Europas besteht immer noch ein markanter Unterschied in der Art der Fürsorge, die Jungen und Mädchen von ihren Müttern zuteil wird. Mädchen wird früher persönliche und soziale Verantwortung übertragen, was natürlich zur Folge hat, dass diese unabhängiger, selbstständiger und verantwortungsbewusster werden als die Jungen, vor allem, da sie inzwischen in (fast) gleichem Maße an Ausbildung und Berufsleben teilhaben. Hingegen ziehen viele Mütter immer noch junge Männer heran, mit denen sie selbst nur höchst ungern verheiratet wären, weil sie von weiblichen Serviceleistungen abhängig, verantwortungslos und unreif sind. Das vorläufige Resultat ist, dass die Jungen auf fast allen Gebieten von den Mädchen überholt worden sind, die zudem Schwierigkeiten haben, einen männlichen Partner zu finden, mit dem sie ein gleichwürdiges Verhältnis haben können.

In Nordeuropa haben wir einige Jahre lang relativ erfolglos versucht, die geschlechtlichen Unterschiede in der Kindererziehung zu eliminieren. Auch Jungen sollten abwaschen und stricken lernen, während die Mädchen Dinge machten, die früher weitgehend den Jungen vorbehalten waren. Ein logischer Versuch im Sinne der Gleichwürdigkeit der Geschlechter, allerdings auch ein weiterer

> Kinder werden nur dann Verantwortungsgefühl entwickeln, wenn Eltern bereit sind, sie auch Verantwortung tragen zu lassen.

Versuch, ein Problem zu lösen, indem man ins Gegenteil verfällt. Die Alternative besteht darin, Jungen und Mädchen darin zu unterstützen, ein persönliches Verantwortungsgefühl zu entwickeln. Das kann man nur, wenn man bereit ist, Verantwortung abzugeben – nicht die übergeordnete Elternverantwortung, sondern den Teil der Verantwortung, den man ihnen überflüssigerweise aus den Händen genommen hat. Man kann von Zwölf- bis Vierzehnjährigen durchaus erwarten, dass sie in der Lage sind, für ihre Hygiene zu sorgen, Kleider zu waschen, einzukaufen, Essen zu machen und ihren schulischen Pflichten nachzukommen. Wenn wir von entwicklungsgestörten Kindern absehen, gibt es keinen Hinderungsgrund, der in der Natur von Jungen und Mädchen läge, warum sie dieser Erwartung nicht gerecht werden sollten. Doch der Hinderungsgrund liegt bei den Eltern, vor allem – tut mir Leid – bei den Müttern.

Die Macht der Gewohnheit und die Lust an der Machtausübung kann indes weitgehend den Vätern zugeschrieben werden, die dazu neigen, sich aufzuplustern und Sanktionen und Konsequenzen zu fordern, während die Mütter mit sanfter Stimme an die Vernunft appellieren. Macht, Elternverantwortung und Fürsorge waren über viele Generationen hinweg so unauflösbar miteinander verbundene Begriffe, dass es eine der wichtigsten Aufgaben der neuen Familien ist, die Fäden zu entwirren.

* Worin unterscheidet sich relevante Fürsorge von bevormundender Fürsorge? Wie weit erstreckt sich notwendige Machtausübung, und wann wird aus ihr Machtmissbrauch?
* Wo verläuft die Grenze zwischen meiner Elternverantwortung und der Eigenverantwortung der Kinder? Wo verläuft sie zwischen meiner Neigung zur übertriebenen Verantwortung für andere und meiner Eigenverantwortung?
* Kommen Fürsorge, Machtausübung und Elternverantwortung wirklich den Bedürfnissen der Kinder zugute, oder befriedigen sie in erster Linie mein Bedürfnis, mich nützlich zu fühlen und meinem eigenen Elternimage zu entsprechen?

Wir sprechen von einem kulturellen und existenziellen Erbe, von dem man sich nicht so einfach befreien kann, doch das beste Gegengift heißt persönliche Verantwortung, also Fähigkeit und Wille, über seine Handlungen nachzudenken und deren Berechtigung zu prüfen. Die Konsequenzen eines solchen Verhaltens können fast unüberschaubar sein, wenn man in einer äußerst eindeutigen

Kultur lebt, in der Menschen seit Generationen dasselbe getan haben und jeder neuen Entwicklung mit Misstrauen und Vorurteilen begegnen. Im heutigen multikulturellen Europa sind die Möglichkeiten, selbstbestimmte Entscheidungen zu treffen, nahezu optimal. Da wir die Sicherheit der eindeutigen Kulturen verloren haben, müssen wir diese in uns selbst und in einander finden, was die eventuelle religiöse oder spirituelle Verankerung des Individuums mit einschließt. Dafür haben wir an Freiheit gewonnen, und der Freiheit folgt die Verantwortung.

Die vier Wertvorstellungen, die ich bis jetzt thematisiert habe, widersprechen in vieler Hinsicht den Werten des Marktes, obwohl ich dies nicht beabsichtigt hatte. Es ist eben so. Manche Eltern haben Zweifel angemeldet, ob diese Werte in der Familie überhaupt praktiziert werden können, wenn sie so sehr den Regeln zuwiderlaufen, von denen die Gesellschaft geprägt wird. Diese Frage kann ich natürlich nicht für jede einzelne Familie beantworten. Ich kann nur darauf hinweisen, dass die Werte dieses Buchs ein bestimmtes Menschenbild reflektieren, das man teilen kann oder auch nicht – doch allein die Tatsache, dass sie Erfahrungen und Ideen umfassen, die auf dem Wohl des Einzelnen und seiner Beziehungen basieren, kollidiert natürlich mit einer Wirklichkeit, in der sich der Wert eines Menschen nach dessen Rolle als Produzent oder Konsument o.Ä. bemisst.

Innerhalb der schmalen ökonomischen Elite der USA hat man eine Zeit lang versucht, Paarbeziehungen mit Hilfe von Verträgen zu regeln, in denen ganz genau festgeschrieben war, wie viele Stunden in der Woche die Partner gemeinsam verbringen, wie oft sie Sex haben, was im Fall einer ungewollten Schwangerschaft geschieht etc. Eine solche Übertragung der Werte und Methoden des Marktes auf die Paarbeziehung bewirkt nur, dass man eine Scheidung mit Vertragsbruch begründen kann.

Auch bin ich Eltern begegnet, die versucht haben, den Beitrag der Kinder zur Gemeinschaft nach ökonomischen Gesichtspunkten zu regeln. Sie haben einfach einen Preis für die Erfüllung häuslicher Aufgaben festgesetzt: 2 Euro fürs Abwaschen, 3 Euro für einen Spaziergang mit dem Hund etc. Die Hoffnung besteht natürlich darin, Streitereien durch feste Abmachungen zu ersetzen, und die Bedingung für das Gelingen eines solchen Modells ist wohl, dass ausreichend finanzielle Mittel zur Verfügung stehen, um gegebenenfalls fremde Arbeitskraft in Anspruch zu nehmen: die Familie als harmonisches, ungestörtes Freizeitangebot, in der nur positive Gefühle zugelassen sind.

Diese beiden extremen Beispiele versuchen, die irrationale und emotionale Komponente in zwischenmenschlichen Beziehungen zu negieren und sind daher weit von den Werten dieses Buches entfernt, die menschliche Gemeinschaften fördern möchten, die den ganzen Menschen berücksichtigen.

Fünf

Gemeinschaft

In unserer europäischen Kultur haben die menschlichen Gemeinschaften ihre Bedeutung in einem Maß verändert, das wir vielleicht seit der Entstehung der Großstädte nicht mehr erlebt haben, als die Leute begannen, ihre überschaubaren Familienclans und Dörfer zu verlassen, um eine völlig neue soziale Wirklichkeit zu entdecken. Die Rolle des Nationalstaats als »Großfamilie« ist in rascher Auflösung begriffen, und niemand weiß genau, was uns im großen europäischen Familienkollektiv erwartet. Vielleicht werden die kleinen, überschaubaren Gemeinschaften ihre Bedeutung wiedererlangen, vielleicht auch nicht.

Die Familien sind auf dem Weg zurück in das politische Zentrum, weil wir nicht genug Kinder bekommen, um die Bedürfnisse des Markts zu befriedigen. Vermutlich wird es nicht mehr lange dauern, bis den Eltern eine finanzielle Anerkennung für die Kinder Nummer zwei, drei und vier zuteil werden wird. Bis es so weit ist und die Familie auf eine offiziell geförderte Nachwuchsschmiede reduziert wird, können wir die Entstehung von Paarbeziehungen und Kernfamilien auf emotionale Wahl und biologischen Trieb zurückführen. Es ist noch nicht lange her, dass der

Zusammenhalt der Kern- und Großfamilie auch eine soziale und ökonomische Notwendigkeit war.

Ich selbst arbeite und lebe die Hälfte des Jahres in einem Land, in dem es nach wie vor keine Seltenheit ist, dass drei Generationen unter einem Dach wohnen. Daher kann ich bestätigen, dass dieser Umstand nichts mit Gefühlen oder Romantik zu tun hat. Die Gründe sind rein ökonomischer Natur. In der Regel sind es die Alten, denen das Haus oder die Wohnung gehört, und die Löhne sind so niedrig und die Mieten so hoch, dass die Jungen gezwungen sind, bei ihren Eltern wohnen zu bleiben. Auf der anderen Seite sind die wenigen Alters- und Pflegeheime so teuer und schlecht, dass die Kinder genötigt sind, sich ihrer Eltern und Großeltern anzunehmen. Die jungen Paare, die es sich überhaupt leisten können, allein zu leben, nehmen große Darlehen auf. Das gilt auch für jene Familien, in denen die Generationen gut miteinander auskommen.

Es besteht also ein markanter Unterschied zwischen selbst gewählten und aufgezwungenen Gemeinschaften, und natürlich variieren ihre Wertvorstellungen. So sind auch nicht alle dieser neuen Familienformen freiwillig zustande gekommen. Der geschiedene Vater, dessen Frau sich in einen anderen Mann verliebte und der seine Kinder nur noch zeitweise sieht, kann an seiner Situation möglicherweise nicht viel Selbstbestimmtheit entdecken. Dennoch muss er versuchen, seine Mitverantwortung an den Geschehnissen zu begreifen und zu verarbeiten. Erst wenn er das getan hat, ist er in der Lage, eine neue Gemeinschaft mit seinen Kindern aufzubauen. Dasselbe gilt für die alleinerziehende Mutter, auf der plötzlich die gesamte Verantwortung lastet, nachdem ihr Mann sie verlassen hat.

Wenn Kinder plötzlich mit neuen »Geschwistern« und einem fremden Mann oder einer fremden Frau zusammenleben, kann von Freiwilligkeit zunächst nicht die Rede sein – auch wenn die Erwachsenen sie oft gefragt haben, ob das in Ordnung sei. Hier liegt es in der Verantwortung der Erwachsenen, eine Gemeinschaft zu schaffen, an der die Übrigen im Laufe der Zeit gern aktiv teilhaben. Entsprechendes gilt für Adoptivfamilien, in denen seitens der Kinder keinerlei Freiwilligkeit und nur äußerst selten die Möglichkeit besteht, sich wieder zu trennen.

Auf emotionaler Ebene verhält es sich nicht anders. Einige Paare fühlen sich am wohlsten, wenn sie die ganze Zeit zusammen sind, während andere schon nach ein paar Tagen Atemnot bekommen und Raum und Zeit für sich selbst brauchen, ehe sie die Gemeinschaft wieder genießen können. Manche Beziehungen starten mit stürmischer Verliebtheit und großer Leidenschaft, andere mit gegenseitiger Sympathie und werden als Schutz gegen die Einsamkeit begonnen. In dieser Hinsicht gibt es alle möglichen Schattierungen, und alle haben dieselbe Berechtigung.

Gefühle, Verpflichtung, Wille: Fundament der Familie

Die Kernfamilie, bestehend aus Vater, Mutter und Kindern, ist immer noch die dominierende Familienform, obwohl sie häufiger als früher aufgelöst und neu gebildet wird. Ihre Gemeinschaft beruht auf Verliebtheit, Verpflichtung, Liebe und Willen – in dieser Reihenfolge. Dabei entscheidet die Qualität der Beziehung der Erwachsenen über den allgemeinen Ton, die Stimmung und die Atmosphäre in der Familie. Qualität bedeutet in diesem Zusammenhang nicht nur die als Schmelzwärme fungierende Liebe zwischen den Partnern, sondern auch die Gleichwertigkeit, der Respekt und die gegenseitige Fürsorge für die Integrität des anderen und nicht zuletzt all die irrationalen, tragischen, humorvollen und unvorhersehbaren Episoden, die mit der Zeit die Geschichte und Kultur einer Familie ausmachen.

Die Qualität der Paarbeziehung entscheidet über die Stimmung und die Atmosphäre in der Familie.

Verliebtheit – dieser undefinierbare und unkontrollierbare Cocktail aus Biologie und Gefühlen – ist im Grunde ein Zustand extremer Selbstbezogenheit. Verliebtheit bedeutet gewiss, dass der andere stets im eigenen Bewusstsein ist, doch wesentlich ist das Erlebnis, dass ich mich in Gegenwart der Person, in die ich verliebt bin und die verliebt in mich ist, wahrgenommen, akzeptiert und glücklich fühle. Darum will ich mit ihr so viel wie möglich zusammen sein. Hinzu kommen natürlich all die wunderbaren Dinge, die Verliebtheit mit meinen Hormonen und diese mit mir anstellen. Aus diesen und vielen anderen Gründen idealisieren wir den Menschen, in den wir verliebt sind, und sehen ihn nicht so, wie er wirklich ist. »Liebe macht blind«, lautet eine alte Redewendung, doch ist es wohl eher die Verliebtheit, die den Blick trübt.

Wenn wir jeder für uns und gemeinsam beschließen, als Familie zusammenzuleben, erfordert dies mehr als den spontanen Wunsch dazu. Wir gehen eine Verpflichtung im Verhältnis zu den anderen ein. Wir benötigen den Willen, auch für die weniger lustbetonten Aspekte einer Familie die Verantwortung zu übernehmen, und die Erkenntnis, dass wir uns nun in einem Verhältnis zueinander befinden, in dem wir auf sehr konkrete Weise Mitverantwortung für das Wohl und Wehe der übrigen Familienmitglieder tragen. Was nicht bedeutet, dass wir für unser eigenes Leben nicht mehr verantwortlich wären, sondern dass wir aufgrund der Gefühle füreinander eine Position einnehmen, in der wir mehr als alle anderen in der Lage sind, einander zu beglücken und zu verletzen, zu enttäuschen und zu bereichern.

Nach ein paar Jahren wird die Verliebtheit im günstigsten Fall durch Liebe ergänzt oder ersetzt, in der das Interesse und die Fürsorge für die Eigenarten, Grenzen und Bedürfnisse des anderen zum Ausdruck kommt. In dieser Phase lernen wir, unsere liebevollen Gefühle in liebevolle Handlungen umzusetzen – Handlungen, die vom Partner als liebevoll wahrgenommen werden –, oder wir lernen es eben nicht, lassen uns scheiden oder vereinsamen in der Beziehung.

Die Liebe in der Familie schließt nicht aus, dass es zu Konflikten, Problemen und Krisen kommt, doch macht sie diese weniger furchteinflößend. An dieser Stelle kommt der Wille ins Spiel. Nachdem wir im Laufe der Zeit eine realistische Vorstellung gewonnen haben, mit wem wir eigentlich zusammenleben und wer wir selbst in Gegenwart des anderen sind, müssen wir in regelmäßigen Abständen in uns gehen und eine nüchterne Entscheidung treffen, ob wir die Beziehung noch wollen oder nicht. Mit zunehmendem Alter – nachdem wir möglicherweise mehrere Beziehungen und Familien »hinter uns haben« – kommt dem Willen, das heißt, der persönlichen Verantwortung, eine immer größere Bedeutung zu.

Gefühle, Verpflichtung und Wille stellen das Fundament der Familie dar, während die Wohnung den physischen oder die Werte den mentalen Rahmen bilden – begleitet von all den anderen Dingen, die eine Gemeinschaft ausmachen: gemeinsame Erlebnisse, Traditionen, Rituale, Aufgabenverteilungen, Freuden, Sorgen und Krisen.

Aufgaben und Verantwortungs- bereiche verteilen

Eine Familie, in der einige die Arbeit erledigen, während sich die anderen zurücklehnen, ist keine gleichwürdige Gemeinschaft. Die Erwachsenen können die Rollen je nach Temperament, Einstellung und den individuellen Möglichkeiten verteilen. Wählt man die klassische Rollenaufteilung, bei der die Frau die Hauptverantwortung für den häuslichen Bereich und der Mann für die Ökonomie übernimmt, ist daran nichts auszusetzen, solange der Beitrag beider Seiten innerhalb der Familie als gleichwürdig anerkannt wird. Dasselbe gilt natürlich für die umgekehrte Aufgabenverteilung.

Die meisten Familien verfolgen heute ein anderes Ideal, wollen sämtliche Aufgaben gerechter verteilen und die Geschlechterrollen flexibler handhaben, je nachdem, welche Bedürfnisse in der Familie gerade Vorrang haben. Eigentlich ist es mehr als ein Ideal. In Familien, in denen beide Erwachsene einem Beruf nachgehen, ist es eine physische und psychische Notwendigkeit, soll nicht einer von ihnen unter der Last der Verantwortung und der Menge der zu erledigenden Arbeit zusammenbrechen. Womit wir zu der sozialen oder gemeinsamen Verantwortung, wie manche lieber sagen, zurückkehren. Der Verantwortung, die sowohl den täglichen Betrieb der Familie und deren Gleich-

Gemeinschaft

wertigkeit sicherstellt als auch dem Einzelnen das Gefühl vermittelt, wertvoll für die Gemeinschaft zu sein.

Der Ausdruck »gemeinsame Verantwortung« ist eigentlich sehr ungenau, weil es im Leben einer Familie viele Bereiche gibt, die eine gemeinsame Verantwortung erfordern. In den meisten Familien teilen die Erwachsenen mehr oder minder direkt die verschiedenen Verantwortungsbereiche unter sich auf. Frustrationen und Konflikte entstehen in der Regel dann, wenn einer der Partner zu viel Verantwortung auf sich lasten fühlt. Daher ist es wichtig, zwischen *Verantwortung* und *Aufgaben* zu unterscheiden.

Aufgaben zu übernehmen ist nicht dasselbe wie Verantwortung übernehmen.

Eine verheiratete Frau mit drei Kindern brachte ihr Dilemma folgendermaßen zum Ausdruck:

»Ich bin meinem Mann gegenüber fast ständig gereizt, weil ich finde, dass die gesamte Verantwortung für die Kinder und alles andere zu Hause auf meinen Schultern liegt. Wenn ich näher darüber nachdenke, weiß ich sehr genau, dass mein Vorwurf ungerecht ist, weil er wirklich sehr hilfsbereit ist und mindestens ebenso viele Arbeiten erledigt wie ich. Also bin ich nicht nur ständig gereizt, sondern habe auch noch Schuldgefühle deswegen.«

Es stellte sich heraus, dass sie tatsächlich die komplette Verantwortung für die Kinder und den Haushalt übernommen hatte, er jedoch viele Arbeiten erledigte und gar nicht verstehen konnte, warum sie ihren Part so erschöpfend fand. Dennoch nahm er ihre Erschöpfung und ihren Wunsch nach Entlastung ernst und übernahm immer mehr Arbeiten, ohne dass sich ihr Zustand veränderte.

Gemeinschaft

Der Unterschied zwischen der Übernahme von Verantwortung und der Erledigung gewisser Arbeiten ist sehr groß. Die Verantwortung erfordert ständig große Mengen mentaler Energie, während die Arbeiten nur so viel Energie erfordern, wie zu ihrer Erledigung nötig ist. In dieser Familie war das Problem schnell gelöst. Der Mann war leitender Angestellter in einem großen Unternehmen und hatte sowohl Erfahrung als auch Lust am Übernehmen von Verantwortung – hingegen bereitete es ihm wenig Vergnügen, nur »behilflich« zu sein. Beide Partner waren bisher nicht auf die Idee gekommen, die häuslichen Verantwortungsbereiche neu zu verteilen. Vielleicht lag es daran, dass beide einen anstrengenden Berufsalltag hatten und die häuslichen Arbeiten als etwas ansahen, das man so rational wie möglich hinter sich bringen musste, um irgendwann auch noch »leben« zu können. Somit wurde vieles von dem, was ebenfalls Bestandteil einer harmonischen Partnerschaft ist, als »Nicht-Leben« definiert.

Diese oft unbewusste Definition birgt wohl für Kinder die größten Risiken, wenn sie empfinden, dass sie das Leben ihrer Eltern behindern und belasten, statt es zu bereichern. Zeitweise geschieht dies in vielen modernen Familien mit kleinen Kindern, in denen diese auf einmal doppelt so fordernd und anstrengend sind, als wollten sie sagen: »Wenn ich nicht mehr bin als eine Aufgabe, dann will ich wenigstens die größte und wichtigste in eurem Leben sein!«

Entsprechendes geschieht zwischen den Erwachsenen, wenn diese Perioden zu häufig werden oder zu lange andauern. Wir werden unzufrieden, ohne genau zu wissen, warum, und die wenigen Stunden, die wir als Paar verbringen, werden immer disharmonischer. Unsere Erklärung lautet gemeinhin, dass wir zu viel zu tun haben. In Wahrheit geht es aber darum, welchen Wert wir den Dingen beimessen, mit denen wir unsere Zeit verbringen.

Deshalb ist es wichtig, dass die Verteilung der Verantwortung innerhalb einer Familie offen und transparent ist. Weniger wichtig ist es, ob sie genau zu gleichen Teilen geschieht. Hauptsache, jeder übernimmt seinen Teil der Verantwortung in vollem Bewusstsein und bekommt alle Hilfe, Unterstützung und Anerkennung, die nötig ist, wenn dieser Beitrag an die Familie als sinn- und wertvoll empfunden werden soll. Bleibt diese Unterstützung aus, entsteht der Eindruck der Gleichgültigkeit, der für jede Gemeinschaft zerstörerisch ist.

Entscheidend ist, dass wir das, was wir tun, als sinn- und wertvoll erleben und dafür Unterstützung und Anerkennung erhalten.

Da keine Familie »vorbeugend« leben kann, ist es wichtig, Augen und Ohren offen zu halten, um mögliche Frustrationen einzelner Familienmitglieder rechtzeitig zu bemerken. Und weil die Beziehung der Erwachsenen so wichtig für die Gemeinschaft ist, muss ihr besondere Aufmerksamkeit geschenkt werden. Die Verantwortungsbereiche und Aufgaben, die wir vor zwei oder drei Jahren übernommen haben, müssen nicht diejenigen sein, die wir auch heute noch gern übernehmen würden. Es ist gewiss Teil unserer Eigenverantwortung, unsere Unzufriedenheit zu artikulieren, doch haben wir, wie schon gesagt, Schwierigkeiten, zu unseren Nächsten »nein« zu sagen. Jeder Vorwurf, der in etwa lautet: »Du tust nie etwas!«, bedeutet wirklich: »Ich habe mehr Verantwortung übernommen, als ich eigentlich tragen kann, und darüber möchte ich mit dir reden.« Eine Einladung, die man klugerweise annehmen sollte. Nicht um alles auf den Kopf zu stellen, sondern um zu überprüfen, ob es notwendig ist, etwas am bisherigen (Un-)Gleichgewicht zu ändern.

In diesem Zusammenhang sollte man sich vergegenwärtigen, dass wir Menschen uns irrational und oft unlogisch verhalten (ein Privileg, das öfter Frauen für sich in Anspruch nehmen als Männer, obwohl auch ihnen das nicht schaden würde). Wir können mit großer Überzeugung zahlreiche Verantwortungsbereiche und Aufgaben übernehmen, die gelöst werden müssen, wenn einige individuelle oder gemeinsame Träume in Erfüllung gehen sollen, und dennoch ein Jahr später feststellen, dass wir uns zu viel aufgebürdet haben. Das ist einer der vielen Unterschiede zwischen Privat- und Berufsleben.

Der aktive Beitrag der Kinder

Seit den sechziger Jahren wird die Rolle der Kinder und Jugendlichen für die familiäre Gemeinschaft diskutiert. Vor dem Zweiten Weltkrieg, als die meisten Familien arm und kinderreich waren, während sich die Oberschicht Ammen und Gouvernanten hielt, war dies für die Allgemeinheit noch kein Thema. Kinder und Jugendliche mussten auf allen Gebieten mithelfen, sobald sie alt genug waren – und das waren sie früh. Damals wurde die Kindheit noch als eine Art Wartesaal zum Erwachsenenleben betrachtet, dem an sich keine weitere Bedeutung zukam – abgesehen von der Hilfe und Unterstützung, die von den Eltern eingefordert wurde.

Später lernten wir (und konnten es uns leisten, dies zu lernen), die Kindheit als eigenständige, bedeutungsvolle Lebensphase mit spezifischen Qualitäten und Werten zu betrachten, und bekamen weniger Kinder. Die klassische Hausfrau wurde zur Seltenheit, doch die Verantwortung, eine Familie zu haben, wurde nicht geringer. Die Diskussion über die Rolle der Kinder pendelt gewissermaßen zwischen zwei Polen. Die einen halten es für gesund und richtig, dass Kinder eine gewisse Anzahl von Pflichten gegenüber der Gemeinschaft haben, wohingegen die anderen darauf verweisen, dass die Kinder ja ebenfalls »zur Arbeit« gingen, nämlich in Krippe, Kindergarten und Schule. Daher müsse die Familie für sie als freier Raum fungieren, in dem sie sich entspannen und spielen können.

Beide Seiten haben gute Argumente. Zweifellos ist es wichtig, dass Kinder die Gemeinschaft nicht ausschließlich als beliebig nutzbares Dienstleistungsunternehmen betrachten, sondern als etwas, das auch von ihnen einen aktiven Beitrag verlangt. Ob dies geschieht, indem man sich die natürliche Hilfsbereitschaft eines Kindes zunutze macht oder in Form strukturierter Pflichten, richtet sich vor allem nach dem Temperament der Eltern, der Familiengröße und dem konkreten Bedarf an Hilfe und Unterstützung.

Richtig ist aber auch, dass viele Kinder heute einen viel zu stressigen Alltag haben, und so kann die Begegnung mit dem »Einsatzplan« an der Kühlschranktür nach einem langen Schultag durchaus der Tropfen sein, der das Fass zum Überlaufen oder die Batterien zum Erlöschen bringt – wie bei den Erwachsenen.

Nach meiner Erfahrung sollten sich Eltern nicht zu schnell auf ein Modell festlegen, weil es so viele Faktoren gibt, die man leicht übersehen kann. Also kommt es wieder auf die grundlegenden Werte der Eltern an. Gleichwürdigkeit ist nur möglich, wenn alle ihren Beitrag leisten – vor allem in Form von Eigenverantwortung, danach in

Form von sozialer Verantwortung. Doch beide Formen der Verantwortung sind von begrenzter Wirkung, wenn ein Mensch nur Empfänger, niemals Spender dieser Verantwortung ist. Wir verlieren unsere Würde und können nichts mehr zur Gleichwürdigkeit beitragen.

Eine schwierige Einsicht für Kinder, Jugendliche und unreife Erwachsene, die manchmal kein Problem damit haben, zu nehmen ohne zu geben, doch wird man nach einigen Jahren feststellen, dass sie sich selbst schlecht behandeln und den Respekt vor dem gebenden Teil der Familie verlieren. Ist die Befreiung der Kinder von einem aktiven Beitrag zur Gemeinschaft als Liebesgabe gemeint, handelt es sich um einen zweifelhaften Wert – sowohl für die Kinder als auch für die Beziehungen beider Seiten zueinander.

Ich habe mich in anderen Büchern schon ausführlich zu diesem Thema geäußert und werde mich daher mit der Beschreibung einiger Verhältnisse begnügen, die der kindlichen oder jugendlichen Weigerung, einen aktiven Beitrag zu leisten, zugrunde liegen können:

* Wenn die Familiengemeinschaft eigentlich nichts mehr zu bieten hat als ein Dach über dem Kopf, ein Bett zum Schlafen und etwas zu essen.
* Wenn die Erwachsenen ständig über die Verteilung von Verantwortung und Arbeiten streiten.
* Wenn Eltern die Eigenverantwortung der Kinder unterdrücken, entwickeln diese oft kein soziales Verantwortungsgefühl.
* Wenn die Erwachsenen die heimischen Verantwortungen und Pflichten als etwas ansehen, das ihrem Leben entgegensteht, wird sich jedes lebensfrohe Kind von ihnen fernhalten.

Im Allgemeinen verhält es sich so, dass die spontane Lust und Freude am Helfen um das zehnte Lebensjahr herum nachlässt, weil die Beziehungen und Tätigkeiten außerhalb der Familie eine zunehmend größere Bedeutung erlangen. Man muss ihnen deswegen keinen Freibrief ausstellen, doch müssen Eltern sich klar machen, dass sich die Ablehnung oder das Desinteresse der Kinder nicht gegen die Eltern, sondern gegen die Aufgaben und Pflichten richtet.

Die beste Medizin gegen solche Konflikte sind gemeinsame Erlebnisse, ob zu zweit oder mit der ganzen Familie. (Kinder haben gemeinhin keine Freude am Staubsaugen oder Abwaschen, doch lieben sie es, mit ihren Eltern zusammen zu sein.) Eine Gemeinschaft von vier selbstständigen Erwerbstätigen ist weniger sinnvoll als eine, in der alle zusammenarbeiten. Arbeit und Erholung sind zwei Seiten derselben Medaille. Teilt man nur die Erholung, wird die Gemeinschaft ausgehöhlt.

Die Familie ist ein Ort, an dem Kinder soziale Fähigkeiten erlernen, die weit über Abwaschen und Aufräumen hinausgehen. Hier lernen sie ihre eigenen Grenzen kennen und die der anderen zu respektieren. Sie sollen die Bedeutung von Zusammenarbeit und Rücksichtnahme sowie die Möglichkeiten und Begrenzungen der Gemeinschaft erkennen. Sie sollen den Unterschied zwischen dem Familiären und dem Sozialen begreifen, zwischen dem Vertrauten und dem Formellen. In den hierarchischen Familien vergangener Tage konnten die Eltern darauf vertrauen, dass die Kinder solches lernten, indem sie belehrt wurden, doch so verhält es sich aus verschiedenen Gründen nicht mehr. Kinder bilden soziale Werte im Zusammenleben mit Erwachsenen heran, die diese Werte praktizieren – eine

Aufgabe, die nicht den pädagogischen Institutionen überlassen werden kann.

Wir stammen aus verschiedenen Familien und verfügen daher über sehr unterschiedliche Erfahrungen mit Gemeinschaften. Manche wurden ausgenutzt, andere waren Schmarotzer. Manche haben profitiert, andere wurden beschädigt. Einige genießen die Nähe und Gemeinschaft, während andere sich bedrängt fühlen. Manche waren ein Teil der Gemeinschaft, während andere eine Randexistenz führten. Einige entstammen Familien, die aus einsamen Inseln mit zufälligen Fährverbindungen bestanden, in anderen Familien herrschten nahe und fruchtbare Beziehungen.

Das Gründen einer neuen Familie ist ein einzigartiges Projekt, das in dieser Konstellation noch nie geprobt wurde. Daher kann es nicht schaden, zunächst seine Erfahrungen auszutauschen und seine Lehren aus ihnen zu ziehen. Es geschieht nicht selten, dass wir einen Partner wählen, der Erfahrungen hat, die uns fehlen, und umgekehrt. Das ist keine schlechte Ausgangssituation, doch entscheidend ist, ob eine Fusion gelingt, in der beide Voraussetzungen gleichermaßen anerkannt werden.

Sechs

Die Führungsrolle der Erwachsenen

Den »neuen Familien«, die zwei Erwachsene enthalten, ist der Versuch gemeinsam, eine gleichwertige Führung zu etablieren, was alles andere als einfach ist. Wir kennen weder ein historisches Vorbild, noch finden wir ein vergleichbares Modell in den Institutionen des Arbeitsmarkts. Die demokratischen Spielregeln versagen hier, weil es Grenzen gibt, wie lange eine Familie bei Stimmengleichheit einfach abwarten kann. Man denke sich ein humoristisches Modell, bei dem die Macht im vierzehntägigen Wechsel zwischen den Erwachsenen alterniert. Als Führungsmodell ist es unbrauchbar, könnte beiden Partnern jedoch rasch Erfahrungen und Einsichten vermitteln, welche Praxis sich hinter all den Worten verbirgt, mit denen wir in Diskussionen so gern unser Recht proklamieren.

In den meisten nordeuropäischen Familien scheinen es die Frauen zu sein, die in einem schleichenden Prozess die Führungsrolle übernommen haben, ohne auf nennenswerte Gegenwehr gestoßen zu sein. Sicherlich gibt es auch viele Ausnahmen, sowohl in Familien, in denen der Mann immer noch die gesetzgebende und ausführende Gewalt innehat, als auch in Familien, die eine gleichwertige Führung der Erwachsenen praktizieren. In der Praxis bedeutet dies, dass die Partner durch zahlreiche Gespräche und Diskussionen, durch gute und schlechte Entscheidungen ihre gegenseitige Kompetenz erproben, bis sie schließlich so weit sind, eine Entscheidung demjenigen anzuvertrauen, der im Einzelfall am besten geeignet erscheint.

Vor dem Hintergrund der heutigen Erfahrungen lässt sich sagen, dass eine gleichwürdige Führung *erwachsene* Menschen voraussetzt oder entwickelt. Menschen also, die bereit sind, die rücksichtslosen, egoistischen Neigungen, die uns allen zu Eigen sind, zugunsten der Gemeinschaft aufzugeben. Das stellt besonders unbeirrbare, besserwisserische und rechthaberische Menschen auf eine harte Probe – vor allem, weil sie sich selbst nicht so sehen.

Als Paar wissen wir, dass wir ohne größere Probleme unsere Wünsche in die Tat umsetzen können, ohne dass es als Anschlag auf die Gemeinschaft betrachtet wird. Die Kunst besteht darin, herauszufinden, was wir können und wollen und gerne gemeinsam tun – ein Vorgang, der viel Vergnügen bereitet, aber wenig Führung erfordert. Führung wird erst dann erforderlich, wenn das erste Kind geboren wird, das den Alltag der Familie sowie das Selbst- und Weltbild der Eltern verändert.

Kinder bedürfen der Führung von Erwachsenen! Darin besteht nicht der geringste Zweifel. In Familien und anderen Zusammenhängen, in denen Kinder auf diese Führung verzichten müssen, entwickeln sie sich nur schlecht. Die entscheidende und immer noch heiß diskutierte Frage ist, wie diese Führung aussehen soll. Die Art der Erziehung, die sich zu Beginn des letzten Jahrhunderts etablierte und elterliche Autorität mittels Kritik, Korrektur, Bestrafung und Gewalt durchsetzte, ist im Laufe der Zeit modernisiert und humanisiert worden. Sie basierte weitgehend auf einem veralteten Wissen über Kinder und deren Beziehung zu Erwachsenen, hat aber immer noch ihre Anhänger. Während sie in einigen europäischen Ländern immer noch dominiert, ist sie in anderen zu einer nostalgischen Erinnerung geworden – idealisiert von frustrierten Erwachsenen, die Kinder heutzutage als zu wild und respektlos und Eltern als faul und verantwortungslos ansehen. Wie früher bereits erwähnt, funktioniert diese Art von Erziehung in gewisser Weise, vor allem, wenn sich möglichst viele Erwachsene darin einig sind, doch funktioniert sie nur zu ihren Bedingungen. Dennoch gibt es weiterhin Menschen, die sie als angemessen und notwendig, ja sogar als rücksichtsvoll gegenüber den Kindern betrachten. Wie aus dem Vorhergehenden bereits klar geworden sein dürfte, beruht sie auf einem Menschenbild und Wertvorstellungen, denen der Autor dieses Buches nur wenig Sympathie entgegenbringt.

In Diskussionen wird diese Art der Erziehung oft mit ihrem scheinbaren Gegensatz konfrontiert – mal als Laisser-faire, mal als antiautoritäre Erziehung bezeichnet –, doch obwohl die antiautoritäre Erziehung ebenso selten wie untauglich ist, scheint die Erziehungsdebatte diesen konstruierten Gegensatz nicht überwinden zu können. Auch in diesem Punkt neigen wir dazu, in Gegensätzen statt in Alternativen zu denken. Ich stehe in einer fachlichen Tradition, die sich der Frage aus einem anderen Blickwinkel nähert – der so genannten *Familienperspektive*. Wir schauen uns an, was für die persönliche und soziale Entwicklung der Einzelnen und ihre

Die Familienperspektive: die Alternative zu autoritärer und anti-autoritärer Erziehung.

wechselseitigen Beziehungen am vorteilhaftesten ist, unabhängig von Alter und Geschlecht.

> Der Ansatz der Familienperspektive negiert nicht die bestehenden Unterschiede zwischen Kindern und Erwachsenen. Kinder brauchen die Führung der Erwachsenen, aber diese sollte auf denselben Werten basieren, die auch für die Beziehung unter Erwachsenen gelten.

Wenn Kinder bestimmen

Eltern haben in den letzten zwanzig Jahren hart daran gearbeitet, eine Art der Führung zu entwickeln, die den Bedürfnissen von Kindern und Erwachsenen gleichermaßen Rechnung trägt und die physische und psychische Integrität der Kinder nicht kränkt. Dabei hat es beachtliche Erfolge gegeben, während manche Versuche als weniger glücklich bezeichnet werden müssen. Untauglich ist zweifellos der Versuch jener Eltern, die aus lauter Wohlwollen die Führungsrolle auf die Kinder übertragen und sich selbst zu Dienstleistenden gemacht haben, denen eigene Bedürfnisse, Werte und Grenzen vollkommen fremd zu sein scheinen.

Eine der Erklärungen hierfür ist interessanterweise in einer Wertvorstellung zu finden, die seit der Jugendrevolte in den Sechzigern überlebt hat. Es handelt sich um die Idealisierung des Begriffs »Lust«, dem – vor allem damals – verlockenden und schlagkräftigen Gegensatz zur »Pflicht«. Freiheit bedeutete, tun und lassen zu können, wozu man Lust hat, weil so viele Pflichten mit Unlust verbunden waren. Als politische Parole hat sich der Begriff längst überlebt. Den-

Die Führungsrolle der Erwachsenen

noch war es ein wichtiges Ziel vieler Eltern, dass ihre Kinder so frei wie möglich sein sollten, um zu tun und zu bekommen, wozu sie Lust hatten. Und damit nicht genug – den Kindern die Befriedigung ihrer Lust zu verweigern, hieß, ihre Bedürfnisse mit Füßen zu treten.

Aber so ist es nicht. Kinder wissen im Allgemeinen sehr genau, wozu sie Lust haben und wozu nicht, doch ahnen sie nichts von ihren übergeordneten Bedürfnissen. Wenn Eltern die momentane Lust ihrer Kinder zum Maßstab nehmen, bekommen diese nicht, was sie eigentlich brauchen. Und eines der zentralen Bedürfnisse, auf das sie verzichten müssen, ist die Führung ihrer Eltern. Zum anderen suggeriert man ihnen die irrige Vorstellung, ein gutes Leben sei ein Leben, in dem man immer sofort bekommt, was man haben will. Soweit wir wissen, ist ein gutes Leben ein Leben, in dem wir sinnvolle Beziehungen eingehen, wertvoll für die Gemeinschaft und relativ frei sind, unsere Träume und Ziele zu verwirklichen. Das setzt aber voraus, dass wir oft Dinge tun müssen, zu denen wir nur wenig Lust haben.

Spontane und unmittelbare Lust ist zweifellos ein wichtiger Bestandteil des kindlichen Universums. Daher ist es verständlich, dass die Angst, dieser Lust im Weg zu stehen, zum postmodernen Ausdruck für Kinderfreundlichkeit und Liebe geworden ist. Übersehen wurde indes, dass Kinder in dieser Hinsicht sowohl unreif als auch unerfahren sind und man daher ihren persönlichen und sozialen Entwicklungsprozess missachtet, wenn das Lustprinzip die Oberhand gewinnt. Ein Teil dieses Reifeprozesses ist die Erlangung der Fähigkeit, seine Lust zu spüren und zu reflektieren, um bewusst entscheiden zu können, ob man ihr nachgeben will:

Die Führungsrolle der Erwachsenen

* Ich habe Lust, mir von meinem Taschengeld diese coolen Stiefel zu kaufen, doch wenn ich näher darüber nachdenke ...
* Eigentlich habe ich heute keine Lust, zur Schule zu gehen, aber eigentlich sollte ich es doch tun.
* Ich hätte schon Lust, einmal Heroin auszuprobieren, doch will ich das wirklich?

Es ist wichtig, dass Kinder sich diese Fragen stellen, um sich zu entwickeln und persönliche Verantwortung zu übernehmen. Daher besteht ein Teil der elterlichen Führungsrolle auch darin, sich für die Wünsche der Kinder zu interessieren, ohne sie abzuwerten:

»Mama, ich will nicht aufstehen.«

»Das kann ich gut verstehen, aber du musst es trotzdem.«

»Aber ich hab doch gesagt, dass ich keine Lust habe.«

»Das habe ich verstanden, aber was willst du stattdessen tun?«

Es vergehen mehrere Jahre, ehe Kinder den Unterschied zwischen Lust und Willen begreifen – dafür erlangen sie im Laufe der Zeit die Fähigkeit, sich verantwortlich und integer zu verhalten und gleichwürdige Beziehungen zu anderen Menschen aufzubauen. Ein äußerst positiver Nebeneffekt ist die Differenzierung und Stärkung ihres Selbstwertgefühls.

»Aber«, werden einige jetzt einwenden, »wenn es verkehrt ist, den Kindern ihre spontanen Wünsche zu erfüllen, soll man diese dann stets übergehen?«

Nein, natürlich nicht. Ebenso wenig, wie man sich seine eigenen spontanen Wünsche stets verkneifen sollte.

Die Führungsrolle der Erwachsenen

Auf zwei Dinge kommt es an: Zum einen sollte man sein erworbenes Wissen, seine persönliche Verantwortung und Integrität, Erfahrungen und Werte in den Dialog einbringen und zum Maßstab seiner Entscheidungen machen.

> »Jetzt weiß ich, wozu sie Lust hat, aber will ich ihr diesen Wunsch auch erfüllen? Kann ich das mit meinen Anschauungen und meiner Verantwortung vereinbaren? Ist es für ihr Wohlbefinden und ihre Entwicklung von Bedeutung, dass dieser Wunsch erfüllt wird?«

Eltern müssen oft gründlich nachdenken, ehe sie Stellung beziehen, womit vor allem kleinere Kinder ihre Schwierigkeiten haben. Aber damit müssen sie sich abfinden. Es gab eine Zeit, in der Eltern immer die richtige Antwort parat hatten, weil die meisten Antworten kulturell festgeschrieben waren. Doch davon kann heute nicht mehr die Rede sein. Ob Kindern 20, 40 oder 90 Prozent ihrer spontanen Wünsche erfüllt werden, ist nur von untergeordneter Bedeutung.

Zum anderen sollte man überlegen, wie man seine Liebe zeigen und wie sie motiviert sein sollte. Falls man sich dazu entschließt, immerzu »ja« zu sagen, bekommt man zunächst zufriedene Kinder, ist überaus beliebt und hält die Konflikte eine Zeit lang unter der Decke – zumindest in den ersten drei bis vier Jahren. Wenn man seine ständigen Dienstleistungen unentwegt fortsetzt, seine eigenen Bedürfnisse verleugnet und im Übrigen Geld genug hat, kann die Harmonie sogar noch ein paar weitere Jahre fortbestehen. Doch irgendwann wird sie ein Ende nehmen, weil dieser Form der Liebe Wahrhaftigkeit und Wärme fehlen, was unweigerlich dazu führt, dass die Kinder immer unmäßiger in ihren Forderungen werden. Kinder besitzen grenzenloses Vertrauen zu ihren Eltern, und wenn sich die Eltern für diese Form der Liebe entscheiden, glauben die Kinder, dass sie geliebt werden, doch sie spüren es nicht. Sie können sich jedes Mal ein wenig wärmen, wenn ihre spontanen Wünsche erfüllt werden, doch in der restlichen Zeit frösteln sie und verlangen daher immer öfter nach wärmender Zuwendung.

Auf diese Weise werden Kinder das, was man verwöhnt oder verzogen nennt. Sie werden es nicht, weil sie so viel Eis, Spielzeug oder Geld bekommen, sondern weil sie es aus den falschen Gründen bekommen: dem Drang der Eltern, sich beliebt zu machen, ihrer Angst vor Konflikten, ihrer eigenen Kindheit, in der ihnen jeder Wunsch abgeschlagen wurde, oder weil sie diese Form der Zuwendung für liebevoll halten. Aber das ist sie nicht. Sie ist liebevoll gemeint, doch mangelt es ihr an der Wahrhaftigkeit und Wärme, die eine Beziehung auszeichnet, in der sich die Eltern authentisch verhalten, persönliche Verantwortung übernehmen und daher zur Gleichwürdigkeit beitragen. Genauso verhält es sich bei einer erwachsenen Paarbeziehung, in der einer der Partner ständig versucht, den anderen zufrieden zu stellen und Konflikten aus dem Weg zu gehen. So wird sich nie ein Liebesverhältnis entwickeln.

Es gilt sowohl für die Beziehung zu unseren Kindern als auch zu unserem Partner, dass die Liebe, die wir für sie empfinden, keinen unmittelbaren Wert für sie besitzt. Den gewinnt sie erst, wenn die Liebe in Handlungen zum Ausdruck kommt, die es ihnen ermöglichen, daran zu wachsen und sich zu entwickeln – und ein großer Teil dessen, was zu unserer persönlichen und sozialen Entwicklung beiträgt, ist zunächst nicht sonderlich lustbetont.

Auf dem Weg von alten zu neuen Werten

Wir können jetzt eine Liste der Qualitäten erstellen, über die Eltern in Ausübung ihrer Führungsrolle verfügen sollten, um den Kindern optimale Entwicklungschancen zu ermöglichen. Ich habe sie den Qualitäten gegenübergestellt, die noch vor einer Generation Gültigkeit hatten:

FRÜHER:	JETZT:
Rollenspiel	Authentizität
Autoritäre Lenkung	Persönliche Autorität
Kontrolle	Interesse
Belehrung/Strafe	Dialog/Austausch
Kritik/Lob	Anerkennung
Macht	Einbeziehung

In vielen Familien schlingern die Eltern gewissermaßen zwischen den alten und neuen Qualitäten hin und her. Zunächst versuchen sie es »im Guten«, doch wenn dies nicht gelingt oder das Verhalten der Kinder sie in einem Maß provoziert, das sie nachhaltig verunsichert, greifen sie zu den alten Rezepten. Manchmal ist dieser Rückgriff wohlüberlegt, andere Male geschieht er spontan und unbewusst.

Diese Praxis ist in einer Übergangsperiode, in der wir uns befinden, nichts Ungewöhnliches, führt jedoch zweifellos zu einer gewissen Desorientierung und Unsicherheit auf beiden Seiten. Das liegt daran, dass die unterschiedlichen Haltungen und Handlungen auf zwei Wertekatalogen basieren, die im Grunde so unvereinbar sind wie Öl und Wasser. Bei den Eltern kommt dieses Wissen in Form von Schuldgefühlen oder einem tiefen Unbehagen zum Ausdruck, wenn sie sich genötigt fühlen, auf überkommene Mittel zurückzugreifen, um einen Ausweg zu finden. Für die Kinder wird ihr Alltag bestenfalls verwirrend, weil sie versuchen, sich auf Eltern einzustellen, die ihre Wertvorstellungen öfter wechseln als ihre Kleider. Im schlimmsten Fall verlieren die Eltern ihre Glaubwürdigkeit und die Kinder das Vertrauen in ihre Kompetenz. Derselbe Vorgang geschieht zwischen Führungspersonen und Mitarbeitern in privaten und öffentlichen Unternehmen, wenn keine klaren Werte vermittelt werden oder diese mit der Praxis nicht übereinstimmen.

Eine veraltete Wertvorstellung in punkto Elternschaft besagt, dass Eltern sich über die Erziehung ihrer Kinder einig sein sollten. Diese Vorstellung stammt aus einer Zeit, in der jeder Konflikt zwischen Eltern und Kindern als Machtkampf betrachtet wurde, den die Eltern um jeden Preis gewinnen mussten. Daher war es natürlich wichtig, gegenüber den Forderungen der Kinder eine geschlossene Front zu bilden. In Wirklichkeit ist es aber äußerst selten, dass sich Eltern in den Wertvorstellungen und deren Umsetzung in die Praxis vollkommen einig sind. Nach meiner Erfahrung ist es wichtig – besonders für das Verhältnis der Erwachsenen untereinander –, dass hinsichtlich der übergeordneten Werte eine gewisse Übereinstimmung besteht. Übereinstimmung aber auch darin, dass deren Umsetzung in die Praxis durchaus unterschiedlich ausfallen kann. Die Eltern sind verschieden in Geschlecht, Temperament und/oder Persönlichkeit, und es ist weder möglich noch wünschenswert, diese Unterschiede zu verwischen. Kinder sind ebenso unterschiedlich veranlagt, und es besteht kein Grund zu glauben, sie hätten Freude daran, alle über einen Kamm geschoren zu werden. Hingegen kommt ihrer Entwicklung die Erkenntnis zugute, dass auch Eltern und Großeltern, Lehrer/innen, Kindermädchen, Onkel und Tanten unverwechselbare, eigenständige Persönlichkeiten sind. Unzählige Faktoren entscheiden darüber, wie wir unsere Werte in die Praxis umsetzen. Darum sollten wir nicht die fundamentalistische Forderung nach Gleichartigkeit stellen, sondern uns voneinander inspirieren lassen, um gemeinsam eine Praxis zu entwickeln, die sich nicht selbst widerspricht.

Manche Erwachsenen sind eher geneigt, »ja« zu sagen als andere, doch an sich hat dies keine Bedeutung. Man sollte allerdings seine eigenen Motive hinterfragen, warum man des öfteren »ja« oder »nein« sagt. Dann wird sich herausstellen, ob sie innerhalb des gemeinsamen Werterahmens liegen. Die Unterschiede sind vollkommen normal und entstehen zumeist infolge der internen Dynamik einer Beziehung. Es ist zum Beispiel nicht ungewöhnlich, dass einer der

> Eltern müssen nicht in allem einer Meinung sein, sie müssen nur einen gemeinsamen Weg finden, mit Unstimmigkeiten umzugehen.

Partner zum Optimismus neigt, während der andere ein eher pessimistisches Weltbild hat, das den Optimismus des anderen im Laufe der Jahre nur noch verstärkt. Wird der Optimist krank oder arbeitslos, verfällt in Depressionen und Schwarzseherei, übernimmt meist der andere die Rolle des Optimisten. Es geht also nicht nur darum, wer wir sind, sondern wer wir gemeinsam sind. Wollen die Eltern so etwas wie die gemeinsame »Front« vergangener Tage bilden, benötigen sie dazu keine Übereinstimmung. Es reicht aus zu sagen: »Mama und ich können uns nicht einigen, was wir dir sagen sollen. Die Sache ist aber so wichtig, dass du uns noch etwas Zeit zum Nachdenken geben musst.« Vielleicht wird man mit diesem Verhalten nicht zu »Eltern des Jahres« erklärt, aber darauf kommt es ja auch nicht an. Es gehört zu unserer persönlichen Verantwortung, dass wir manchmal darauf verzichten müssen, uns kurzzeitig beliebt zu machen, um unseren Selbstrespekt zu wahren.

Eine problematischere Wertvorstellung ist die der Gerechtigkeit. Ich stimme vollkommen darin überein, dass man versuchen sollte, Ungerechtigkeiten zu vermeiden, indem man Kindern zum Beispiel keine Dinge vorwirft, die sie nicht getan haben. Doch die Form von Gerechtigkeit, die viele Kinder einfordern, ist in Wahrheit »Gleichheit«: Hat der eine beim gemeinsamen Einkauf mit der Mutter ein Eis bekommen, dann steht dem anderen auch eins zu. Hat das eine Weihnachtsgeschenk hundert Euro gekostet, muss das andere genauso teuer sein. Wenn der eine bereits auf eine Party gehen durfte, als er zwölf Jahre, vier Monate, drei Tage und fünf Stunden alt war, muss der andere dies im selben Alter auch dürfen etc. Fallen Sie nicht darauf herein! So entsteht eine Gleichheitstyrannei ohnegleichen, die nichts mit einem intakten, gleichwürdigen Familienleben zu tun hat. Eltern sind verpflichtet, ihre Kinder so gut wie möglich zu behandeln, und da Kinder verschieden sind, müssen sie auch unterschiedlich behandelt werden. Geben Sie diese Botschaft gerne an wohlmeinende Großeltern und andere weiter, die bei den Kindern die Illusion nähren, es gebe absolute Gerechtigkeit. Das ist nicht wahr. Es gibt sie weder in der Familie noch an anderen Orten.

Nach dieser kritischen Untersuchung alter und neuer Werte, die meiner Erfahrung nach oft mehr destruktiven als konstruktiven Charakter für die Familien haben, werde ich die einzelnen Elemente der neuen Führungsrolle so kurz und illustrativ wie möglich darstellen. In meinen anderen Büchern habe ich eine Reihe üblicher und weniger üblicher Konflikte zwischen Eltern und Kindern beschrieben und analysiert sowie Vorschläge gemacht, wie diesen am ehesten beizukommen ist. In der Frage der Führungsrolle der Erwachsenen scheint es mir sinnvoller, die Bedeutung der Werte für den praktischen Umgang miteinander zu beschreiben und eine Art Checkliste zu erstellen, die Erwachsene gegebenenfalls zu Rate ziehen können. Hatten wir einen echten Dialog, oder haben wir uns ausschließlich Vorwürfe gemacht? Haben wir uns auf den Blickwinkel des Kindes eingelassen oder versucht, uns darüber hinwegzusetzen? Haben wir Verantwortung übernommen oder uns vor ihr gedrückt und die Verantwortung den Kindern überlassen? Habe ich mich so authentisch und persönlich ausgedrückt, wie ich kann, oder habe ich nur »geschwafelt«? War dies eine gleichwürdige Entscheidung, oder habe ich mich »über den Tisch ziehen« lassen?

Authentizität

Wenn Kinder geboren werden, haben sie das Recht auf Autoritäten, das heißt, auf Eltern, die einigermaßen mit sich selbst im Reinen und in der Lage sind, zu ihren Kindern eine verlässliche Beziehung aufzubauen, die durch Persönlichkeit und Nähe gekennzeichnet ist. Die relative Sicherheit der meisten Eltern kommt durch eine Mischung aus Information von außen und Selbstgewissheit zustande.

Die Führungsrolle der Erwachsenen

Viele generelle Fragen können von außen beantwortet werden – von Büchern, Krankenschwestern, Müttern, Ärzten etc. –, und es spricht überhaupt nichts dagegen, diese Hilfen in Anspruch zu nehmen. Es handelt sich um konkretes Wissen und Erfahrungen, die früher von der Mutter an die Tochter weitergegeben wurden, heute aber von verschiedenen Seiten eingeholt werden müssen. Mit dem Aufbau einer individuellen, persönlichen Beziehung zum Kind verhält es sich anders – nicht zuletzt für die Väter, die sich hierbei auf keine lange Tradition stützen und auch von den vorwiegend weiblichen Fachleuten weniger lernen können, weil diese nicht wissen, was es bedeutet, Vater zu sein.

Das Bedürfnis des Kindes nach einer Autorität gilt für die ersten achtzehn bis zwanzig Jahre. Es geht dabei nicht allein um das Bedürfnis des Säuglings nach Sicherheit.

Kinder brauchen Gewissheit, wer ihre Eltern sind und wofür sie einstehen: Hinter den Worten muss die wirkliche Person sichtbar werden.

Auch ältere Kinder brauchen Orientierung und Vorbilder, an denen sie sich messen können. In dieser Hinsicht halte ich die persönliche Autorität der Eltern für am besten geeignet, um diese Funktion zu erfüllen und die gegenseitige Beziehung zu stärken. Kinder und Jugendliche müssen wissen, woran sie mit ihren Eltern sind, was sie denken und wofür sie einstehen.

Authentizität verleiht den Eltern die notwendige persönliche Autorität, um Einfluss auf ihre Kinder auszuüben. Spielt man ihnen die Elternrolle hingegen nur vor, mag die Autorität in den ersten fünf, sechs Jahren einigermaßen gewahrt bleiben, doch sicherlich nicht immer, wenn man Gebrauch von ihr machen möchte. Ein Vater hat mir Folgendes erzählt:

Die Führungsrolle der Erwachsenen

»Als unser jüngstes Kind sechs, sieben Monate alt war, begann das, was wir als Eifersucht des Älteren betrachteten, extreme Formen anzunehmen. Er ist nur zwei Jahre älter und begann seine kleine Schwester sehr grob zu behandeln. Wir versuchten alles, um ihn zur Vernunft zu bringen. Wir schimpften mit ihm und versuchten ihm klar zu machen, dass es uns gar nicht gefiele, wie er seine Schwester behandelt – doch es half nicht. Vor ein paar Monaten war ich dann eine Woche lang mit den Kindern allein, während meine Frau einen Fortbildungskurs besuchte. Die Zeit war ein einziger Albtraum, weil der Junge gegenüber seiner Schwester immer gewalttätiger wurde. An einem bestimmten Punkt nahm ich ihn mit ins Schlafzimmer und redete Tacheles mit ihm. Wie so oft zuvor sagte ich, dass mich sein Verhalten sehr traurig mache, doch zu meiner eigenen Verwunderung fing ich tatsächlich an zu weinen, während ich mit ihm sprach. Er wurde ganz still und starrte mich intensiv an. Nachdem ich fertig war, gingen wir schweigend ins Wohnzimmer zurück. Drei Monate sind seither vergangen, und er hat seine kleine Schwester nie wieder grob behandelt.«

Noch vor einer Generation wäre dieser Dreijährige so lange systematischen Schimpftiraden, Gewalt und Bestrafungen ausgesetzt gewesen, bis er aufgehört hätte, seine kleine Schwester zu drangsalieren. Den Eltern wäre die Widersprüchlichkeit ihres Verhaltens – ihrem Sohn Gewalt anzutun, damit er seiner Schwester keine Gewalt antut – nicht bewusst gewesen. Sie hätten es nicht als widersprüchlich empfunden, ganz einfach weil sie die Eltern waren und »gute Gründe« hatten. Damals war man sich noch nicht darüber im Klaren, dass Gewalt – wie auch immer man sie rechtfertigen mag – Gewalt bleibt und neue Gewalt erzeugt.

Der oben zitierte Vater gehört einer anderen Zeit an und will seinem Sohn keine Gewalt antun. Er setzt auf die Kraft des Gesprächs und der Vernunft und tut gut daran. Sein Problem bestand darin, dass er lange Zeit geredet und geredet hat, ohne seinen Sohn zu erreichen, weil dieser keine Authentizität hinter den Worten gespürt hatte – bei Erwachsenen verhält es sich nicht anders. Rein intellektuell lassen sich Kleinkinder nicht überzeugen, und selbst wenn man die klassische Elternrolle mit strenger Mimik und zorniger Stimme spielt, macht das nur mäßigen Eindruck.

> Eltern sind verschieden. Bei manchen ist der authentische Ausdruck leise und ausgeglichen, während andere gewohnt sind, sich lautstark zu äußern. Die Lautstärke der Musik ist nicht das Entscheidende, sondern deren emotionaler Gehalt. Es muss eine Persönlichkeit hinter den Worten spürbar werden, damit das Kind hören kann, *wer* spricht.

Das ist ein großer Erkenntnisgewinn, der dazu geführt hat, dass Eltern heute weitgehend auf Drohungen und Gewalt verzichten und Kinder weniger leiden müssen.

Persönliche Autorität

Authentische Gefühle bilden das Fundament der persönlichen Autorität, doch neigen Erwachsene dazu, die Wahrung der eigenen Integrität über die Wahrung der kindlichen Integrität zu stellen, was ihrer Autorität natürlich zu weniger Durchschlagskraft und Glaubwürdigkeit verhilft. Wenn Kinder, wie an anderer Stelle beschrieben, die Schimpftiraden der Erwachsenen als »Schläge mit der

Die Führungsrolle der Erwachsenen

Zunge« empfinden, machen sie auf das Missverhältnis aufmerksam, dass Erwachsene ihre Grenzen geachtet sehen möchten, diejenigen der Kinder aber überschreiten.

Deshalb sind persönliche Sprache und persönlicher Ausdruck, mit deren Hilfe sich der Erwachsene definiert und artikuliert, Träger der persönlichen Autorität. Sobald der Erwachsene beginnt, seine Definitionsmacht zu benutzen, und über den Kopf des Kindes hinweg spricht, hat die Gleichwürdigkeit ein Ende und der Machtmissbrauch beginnt. Das macht auf Kinder einen großen Eindruck, die mit Schuld- und Schamgefühlen, Trauer und/oder Zorn reagieren, doch schafft es weder Sicherheit noch Respekt oder Vertrauen in die Autorität des Erwachsenen. Das bedeutet nicht, dass Erwachsene sich grundsätzlich rücksichtsvoll und diplomatisch äußern müssen. Es bedeutet nur, dass die Äußerungen im umfassenden Sinne »von Herzen« kommen sollten. Die Integrität des Kindes wird nicht durch die Gefühle der Eltern verletzt. Es sind die Worte, die kränken, nicht die Musik.

Jahrelang habe ich nach einem Wort oder Begriff gesucht, der das Charakteristische der neuen Elternrolle auf den Punkt bringt, und bin ironischerweise bei einem Ausdruck hängen geblieben, der aus dem Bereich des Profiboxens stammt. Wenn ein Meister oder Meisterschaftsaspirant sich auf einen Titelkampf vorbereitet, trainiert er größtenteils mit einem »Sparringspartner«, also einem Trainingspartner, der maximalen Widerstand leistet, aber minimalen Schaden anrichtet. Da Erziehung in hohem Maß dazu dient, die Kinder auf ein Leben außerhalb der Familie vorzubereiten (sie zu trainieren), ist dies also keine schlechte Definition für einen wesentlichen Teil der Elternrolle.

Die Rolle als Sparringspartner hilft den Kindern vor allem, ihre persönliche Verantwortung zu entwickeln.

Der fünfjährige Jonas ist selbst für sein Taschengeld verantwortlich. Eines Tages sagt er am Mittagstisch:

»Ich will mir dieses Rennauto mit Fernsteuerung kaufen. Nächsten Montag hab ich genug Geld dafür.«

Mutter: »Wünscht du dir das schon lange, oder hast du das Auto gerade erst gesehen?«

Vater: »Jonas und ich haben es gestern in der Stadt gesehen. Ein Mann hat es draußen vor dem Spielzeuggeschäft demonstriert. Es ist toll.«

Jonas: »Ja, ich will es unbedingt haben, außerdem habe ich schon lange gespart.«

Mutter: »Ich finde, du solltest noch mal gut darüber nachdenken, wenn du all dein Geld dafür ausgeben willst. Denk dran, wie lange du gespart hast!«

Jonas: »Na und ... es ist doch mein Geld.«

Mutter: »Ich sage ja auch nicht, dass du das Auto nicht kaufen sollst. Ich sage nur, dass du gründlich darüber nachdenken solltest, eine Woche vielleicht. Vielleicht ist es dann gar nicht mehr so spannend für dich.«

Jonas (sieht seinen Vater an): »Bitte, darf ich, Papa?«

Vater: »Natürlich darfst du. Es ist ja dein Geld, aber ein bisschen muss ich Mama schon Recht geben. Es ist eine Menge Geld, und danach ist nichts mehr für die Ferien übrig. Denk darüber nach.«

Jonas: »Okay ... aber bestimmt keine ganze Woche lang!«

Alle haben ihre Meinung gesagt und begründet, und jetzt steht nur noch Jonas' Entscheidung aus. Falls Jonas das Spielzeugauto kauft und vielleicht später, wenn die Familie Urlaub macht, den Kauf bereut, müssen die Eltern sich beherrschen, um nicht etwa zu sagen: »Haben wir's doch gewusst!« Dann würde sich Jonas nur dumm vorkommen und nichts aus seiner Erfahrung lernen. Sollte Jonas der Versuchung erliegen, um einen Vorschuss auf sein Taschengeld zu bitten, sollte die Antwort ein freundliches, doch unmissverständliches Nein sein.

Die Ansichten und Überzeugungen der Eltern machen in allen Familien großen Eindruck auf die Kinder, auch wenn das nicht immer den Anschein hat – das gilt besonders für Familien, in denen Gleichwürdigkeit praktiziert wird. Obwohl Jonas erst fünf Jahre alt ist, lässt er sich auf den Vorschlag seiner Eltern ein, über die Sache nachzudenken. Das können die wenigsten Zwölfjährigen ohne das Gefühl zu haben, ihr Gesicht zu verlieren. Was jedoch nicht bedeutet, dass die Meinung der Eltern keinen Eindruck auf sie gemacht hat und sie sich dieser nicht womöglich anschließen werden.

Kinder und Jugendliche haben dem ersten Anschein zufolge oft eine oberflächliche und unreflektierte Einstellung gegenüber Alkohol, Drogen, den Normen und Regeln des Elternhauses, der Schule etc., doch wenn sie in einer gleichwürdigen Familie aufwachsen, haben sie einen großen Respekt vor der *Person* ihrer Eltern. Das setzt natürlich voraus, dass diese sich nicht hinter ihrer Elternrolle verstecken. Ihre Anschauungen und Meinungen mögen denen ihrer Eltern widersprechen, und auch für sachliche Argumente scheinen sie oft nicht zugänglich zu sein. Doch ist es stets von großer Bedeutung, dass es *mein* Vater oder *meine* Mutter ist, die etwas äußert, dass *meine* Eltern als *Menschen* bestimmte Anschauungen vertreten. Im ersten Moment ist dieser Einfluss nicht zu spüren, doch inwieweit unsere Wertvorstellungen und Überzeugungen unsere Kinder beeinflusst haben, lässt sich erst feststellen, wenn sie etwa dreißig Jahre alt sind oder selbst eine Familie gegründet haben.

Wenn Eltern sich trauen, offen, verletzlich und flexibel zu sein und Verantwortung für die Qualität des Zusammenspiels in der Familie übernehmen, statt sich mit Schuldzuweisungen zu begnügen, wächst ihre persönliche Autorität. Wenn wir die Verantwortung für die Qualität des familiären Zusammenspiels durch persönliche Verantwortung ersetzen, fördert dies auch die Nähe, Sicherheit und Gegenseitigkeit in der Paarbeziehung der Erwachsenen. Wir vergessen oft, dass sich Kinder tagtäglich entwickeln und beeinflussen (erziehen) lassen. Jeden Tag müssen sie sich wieder ein Stück weit von der Sicherheit verabschieden, die sie gestern noch empfunden haben – zum einen, weil ihr biologischer, mentaler und existenzieller Entwicklungsprozess dies erfordert, zum anderen, um den Erwartungen und Forderungen ihrer Umwelt sowie ihrem Drang zur Zusammenarbeit gerecht zu werden. Wären Erwachsene über dreißig mit entsprechenden Forderungen konfrontiert, würden die meisten unter dieser Belastung zusammenbrechen oder unter heftigen Angstanfällen leiden. Kinder und Jugendliche sind stets gezwungen, offen, verletzlich und flexibel zu sein. Daher ist es für sie von großem Vorteil und im Übrigen auch ein Gebot der Gleichwürdigkeit, wenn die Eltern es ebenso sind.

Offenheit, Verletzlichkeit, Flexibilität: Diese Qualitäten stärken unsere persönliche Autorität.

An anderer Stelle habe ich bereits erwähnt, dass Eltern als eine Art Leuchtturm fungieren, also in regelmäßigen Abständen deutliche Signale aussenden müssen, damit Kinder im Laufe der Zeit lernen, einen sicheren Kurs zu halten – man könnte auch sagen, um zu kooperieren, ohne mehr als nötig von sich selbst aufzugeben. Nochmals warne ich davor, die Rolle des Leuchtturms den Kindern und ihren spontanen Wünschen zu überlassen.

Das alte Erziehungsideal mit seinem festen Rahmen, seinen Pflichten, Konsequenzen und Strafen erfüllte diese Anforderung zweifellos in hohem Maß, tat dies jedoch auf Kosten der Gleichwürdigkeit, Authentizität, Gegenseitigkeit und persönlichen Verantwortung und gehört daher meiner Meinung nach ins pädagogische Museum.

Dass Kinder eines Leuchtturms bedürfen, liegt nicht nur an ihrer mangelnden Erfahrung oder am Risiko, Schiffbruch zu erleiden, also ihre psychische und physische Sicherheit aufs Spiel zu setzen.

> Kinder müssen vor allem lernen, im Zusammenspiel mit anderen ihre *soziale Kompetenz* zu entwickeln, also die Fähigkeit erlangen, ihrer eigenen Persönlichkeit und ihren eigenen Wünschen Ausdruck zu geben und gleichzeitig empfänglich für die Signale der anderen zu werden.

Das ist notwendig, um zu spielen und zu lernen, zu lieben und zu kommunizieren – Fähigkeiten, die sich am besten im überschaubaren Kreis der Familie erlernen lassen. Die pädagogischen Institutionen können Kindern beibringen, sich gewissen Regeln unterzuordnen und für ein gemeinsames Ziel zu arbeiten, doch gelingt dies nur schwer, wenn die Kinder kein familiäres Grundtraining haben.

»Ich finde, du kannst jetzt deinen Schlafanzug anziehen und Zähne putzen.«

»Aber ich will noch spielen!«

»Das kann ich mir vorstellen, aber ich will, dass du dich jetzt fertig machst, um ins Bett zu gehen. Brauchst du Hilfe, oder schaffst du das alleine?«

»Alleine!«

Hier erfüllt der Leuchtturm seine Funktion – ganz anders im nächsten Beispiel:

»Meinst du nicht, dass du langsam müde wirst und bald ins Bett gehen solltest?«

»Nein, ich bin überhaupt nicht müde. Außerdem will ich noch spielen.«

»Aber es ist schon so spät, und du musst morgen ausgeschlafen sein. Was, glaubst du, werdet ihr morgen im Kindergarten machen?«

»Ich will noch nicht ins Bett!«

»Das verstehe ich gut, aber es ist schon spät, und du weißt doch, dass du normalerweise um acht ins Bett gehst.«

»Nur noch ein bisschen ...«

»Nein, jetzt reicht's! Du tust, was ich sage, oder ich lese dir keine Gutenachtgeschichte mehr vor. Ich verstehe einfach nicht, warum es jeden Abend dasselbe Theater gibt. Andere Kinder sind lieb und tun, was ihre Mutter sagt. Jetzt kommst du her!«

In diesem Beispiel ist der Leuchtturm außer Betrieb, bis das Kind sozusagen mit ihm kollidiert. Die Mutter würde sich vermutlich damit rechtfertigen, ihr Kind sei schwierig und trotzig, doch in Wahrheit ist das Verhalten des Kindes nur die logische Konsequenz ihres eigenen Verhaltens. Anfangs stellt sie eine rhetorische Frage und bemüht sich um einen nachgiebigen Ton, während sie es gleichzeitig ihrem Sohn überlässt, zwischen den Zeilen zu lesen. Kein Wunder, dass der die Führung übernimmt, bis sie das Gespräch schließlich rigoros abwürgt. Vermutlich wäre diese Mutter dennoch der Meinung, ihren Willen deutlich zum Ausdruck gebracht zu haben, aber das hat sie nicht. Somit wird sie vermeintlich zum Opfer der Launenhaftigkeit ihres Sohnes, weil sie keine Verantwortung für sich selbst übernimmt.

Folgende Alternative wäre möglich:

»Ich finde, du solltest jetzt deinen Schlafanzug anziehen und Zähne putzen.«

»Aber ich will noch spielen!«

»Okay. Ich will, dass du jetzt ins Bett gehst, damit ich in Ruhe meine Dinge für morgen vorbereiten kann, und du willst noch gerne spielen. Dann mach mir einen Vorschlag.«

»Ich kann spielen, bis ich müde werde.«

»Nein, das ist zu lang.«

»Dann noch eine Stunde.«

»Auch zu lang, eine halbe Stunde.«

»Eine Stunde, Mama!«

»Eine halbe! Also beeil dich mit dem Spielen.«

Moderne Eltern befremdet womöglich die Tatsache, dass die Mutter über ihren Sohn *bestimmt*. Darf man das zulassen? Ist das nicht eine neue Form der alten Diktatur? Ist das nicht eine Kränkung der Integrität ihres Sohnes?

Man darf es zulassen, und von Diktatur oder Kränkung kann keine Rede sein! Eltern müssen in erheblichem Umfang über ihre Kinder bestimmen, vor allem, wenn die Kinder noch klein sind und den Bedürfnissen der Eltern Rechnung getragen werden muss. Je älter die Kinder werden, desto mehr ist ein gleichwertiger Dialog zwischen zwei Personen möglich, die persönliche Verantwortung übernehmen. In Beispiel Nummer zwei trifft die Mutter am Ende eine diktatorische Entscheidung und missbraucht ihre Macht(losigkeit), um die persönliche Integrität ihres Sohnes zu kränken. Im ersten und dritten Beispiel bringt die Mutter ihren Willen klar zum Ausdruck und gibt ihrem Sohn (bei Nummer drei) die Möglichkeit, beiden Bedürfnissen durch einen Kompromissvorschlag Rechnung zu tragen. Die Mutter zeigt ihre soziale Kompetenz und ermöglicht ihrem Sohn gleichzeitig, sich früh darin zu üben.

Wie bereits erwähnt, wirkt sich die Eigenverantwortung in jedem Fall auf die Beziehung aus, unabhängig davon, ob wir sie übernehmen oder nicht. Genauso verhält es sich im beschriebenen Konflikt zwischen Mutter und Sohn. Wenn Eltern ihre eigenen Bedürfnisse und Grenzen nicht zu wahren wissen, geht die Verantwortung schrittweise auf die Kinder über, die genauso wenig in der Lage sind, diese zu übernehmen, wie ein erwachsener Partner. Wird die Aufgabe, das Kind ins Bett zu bekommen, aus Schwäche dem Partner überlassen, kommt das Kind vielleicht ins Bett, doch das Verhältnis der Mutter (oder des Vaters) zu ihm wird destruktiv und freudlos werden.

Wenn es aber gar kein persönliches Bedürfnis der Mutter ist, dass ihr Sohn ins Bett kommt? Falls es ihrer Meinung nach einfach das Beste *für ihn* ist, jetzt schlafen zu gehen?

Die Führungsrolle der Erwachsenen

Dann kommt ihre Funktion als Sparringspartner zum Tragen. Das Ziel ist somit ein ganz anderes, nämlich ihrem Sohn beizubringen, die Verantwortung für seine eigenen Bedürfnisse zu übernehmen.

»Ich finde, du solltest jetzt deinen Schlafanzug anziehen und die Zähne putzen.«

»Aber ich will noch spielen!«

»Ich finde wirklich, dass du sehr müde aussiehst. Aber vielleicht spielst du ja so schön, dass du es gar nicht bemerkst.«

»Ja, ich will unbedingt noch die Garage für die Autos fertig bauen.«

»Das ist natürlich auch wichtig. Aber kannst du nicht eine kurze Pause machen, um zu prüfen, ob du nicht trotzdem sehr müde bist? Vielleicht habe ich mich ja auch geirrt.«

»Ich bin nicht besonders müde, Mama!«

»Ich bin nicht überzeugt. Für mich wirkst du ziemlich müde, und ich finde, du solltest jetzt ins Bett gehen.«

»Ich will aber lieber noch spielen.«

»Na gut, dann spielst du eben noch weiter.«

Vielleicht ist der Junge wirklich so müde, dass er lieber ins Bett gehen sollte, doch dauert es bekanntlich eine ganze Kindheit, um dies zu lernen, und selbst viele Erwachsene haben Schwierigkeiten damit. Das heißt, so war es, bevor wir um das Potenzial der kindlichen Eigenverantwortung wussten. Mit Hilfe möglichst vieler Dialoge wie in Beispiel Nummer vier könnte der Sohn schon zur Einschulung gut über sein eigenes Schlafbedürfnis Bescheid wissen. Dann handelt es sich bei der Frage nach dem richtigen Zeitpunkt,

Die Führungsrolle der Erwachsenen

sich schlafen zu legen, auch nicht mehr darum, ob jemand »groß« oder »klein« ist. Dann geht es um die Kenntnis der eigenen Bedürfnisse und die Fähigkeit, auf diese Rücksicht zu nehmen.

Kinder haben kein theoretisches Verhältnis zur Verantwortung und nehmen dieses Wort fast nie in den Mund. Sie reden gerne von »bestimmen«. »Warum darf ich nicht selbst bestimmen?« oder »Warum musst *du* immer bestimmen?« Doch im Grunde meinen sie: »Ich würde gern selbst mehr Verantwortung übernehmen.« Weil sie von »bestimmen« reden, fühlen sich viele Eltern zu einem Machtkampf herausgefordert. Dabei sollten sie lieber einen Dialog führen, inwieweit Kinder auf einem konkreten Gebiet persönliche Verantwortung übernehmen können.

Kinder brauchen die Gelegenheit, sich im »Bestimmen«, also in der Übernahme von Eigenverantwortung, zu üben.

Unter idealen Bedingungen können Eltern weitgehend darauf verzichten, zu »bestimmen«, und sich darauf konzentrieren, die Eigenverantwortung der Kinder gewissermaßen zu verwalten, wenn diese zehn bis zwölf Jahre alt sind. Was nicht bedeutet, dass ihre Funktion als Leuchtturm sich erübrigt hätte, sondern dass sie diese weitgehend in Form von Sparringspartnern wahrnehmen. Im wirklichen Leben beschränken sich Eltern höchst ungern auf diese Verwalterrolle, auch wenn die Kinder ihre »Bestimmungen« zunehmend ignorieren oder sich ihnen widersetzen. Kinder würden ihr Verhalten vermutlich mit einer klassischen Elternformulierung beschreiben: »Ich habe es meinen Eltern schon hundert Mal gesagt, aber sie wollen einfach nicht hören. Dann müssen sie es eben auf die harte Tour lernen.«

Die Führungsrolle der Erwachsenen

Kinder und Jugendliche geben immer klar zu verstehen, wann der nächste Entwicklungsschritt erreicht ist. Plötzlich beginnen sie, »destruktive Konflikte« mit ihren Eltern zu suchen.

> Ein destruktiver Konflikt ist ein Konflikt, der sich in immer kürzeren Abständen wiederholt, stets um dasselbe Thema kreist und auf beiden Seiten zu wachsender Aggressivität führt. Wenn dies geschieht, bedeutet es in neun von zehn Fällen, dass es an der Zeit ist, die Eigenverantwortung der Kinder an ihre rechtmäßigen Besitzer zurückzugeben.

Doch der Bedarf nach aufrichtigem, liebevollem, persönlichem »Sparring« hört niemals auf, und wenn man sehr viel Glück hat, wird es zu einem wechselseitigen Prozess. Diese Form des Sparrings wird im Grunde niemals als Einmischung oder Machtausübung missverstanden – es sei denn, es handelt sich um einen taktischen Versuch, seinen Machtwillen zu überspielen.

Persönliche Autorität hat nur wenig mit »Sicherheit« zu tun. Man muss sich nicht zu jedem Zeitpunkt Rechenschaft über seine Wertvorstellungen, Anschauungen und Gefühle ablegen. Man kann sich auch mit folgenden Worten an ein Kind oder einen Jugendlichen wenden: »Halt, warte mal! Ich weiß nicht genau, wie ich das erklären soll, aber irgendwas gefällt mir an dieser Sache nicht.« Oder: »Ich werde dir meine Meinung schon noch mitteilen, doch zuerst muss ich weiter darüber nachdenken.« (Vielleicht bedeutet das auch, Rücksprache mit dem anderen Elternteil oder dem Lehrer zu halten.) Man braucht sich einer Sache nicht völlig sicher zu sein, solange man mit Sicherheit weiß, dass man sich einmischen will. Lassen Sie mich sicherheitshalber hinzufügen, dass es hier nicht allein um die zweitbeste Alternative (nach persönlicher Gewissheit) geht. Dies ist ein hervorragendes Beispiel für die Wahrung seiner Integrität und die Übernahme persönlicher Verantwortung, das Kindern und Jugendlichen tagtäglich, gerade im Gruppenverhalten, zugute kommt. Auch innerhalb der Familie profitieren alle davon, wenn Kinder persönliche Autorität und Eigenverantwortung entwickeln. Das entschärft manchen Konflikt und verhindert, dass es – vor allem in der Pubertät – zu den ganz großen Dramen kommt.

Einige Eltern hegen prinzipielle Vorbehalte, Autorität auszuüben. Unabhängig davon, ob diese Vorbehalte philosophischer Natur sind oder sich auf persönliche Kränkungen zurückführen lassen, spielt doch fast immer die Vorstellung eine Rolle, man könne die *Kultur* (die Gesellschaft mit ihren Autoritäten) zurückdrängen, um der *Natur* genügend Raum zu geben. Leider endet dieser Versuch immer damit, dass beide Seiten verlieren. Sie verlieren, weil Eltern in der Welt der Kinder ohnehin große Autorität besitzen. Wird diese versteckt oder infrage gestellt, sind die Kinder verunsichert. Im schlimmsten Fall wird jede Initiative und Verantwortung den Kindern überlassen – was einer eigenen autoritären Forderung gleichkommt, die von den Kindern nicht zu erfüllen ist, auch wenn sie quasi zwischen den Zeilen und mit sanfter Stimme gestellt wird.

Mit diesem selbst geschaffenen Dilemma haben Eltern seit dreißig Jahren zu kämpfen und werden dies vielleicht noch eine weitere Generation tun müssen, ehe sich eine neue Praxis eingespielt hat. Innerhalb einzelner Familien kann dieser Prozess natürlich wesentlich schneller ablaufen.

Interesse

Die Zusammenarbeit mit Erwachsenen wie mit Kindern setzt voraus, dass man sich dafür interessiert, wer sie sind. Wofür stehen sie, was denken und fühlen sie, was treibt sie an, was sind ihre Bedürfnisse, und wo liegen ihre Grenzen? Für heutige Eltern hört sich das sicher einleuchtend an – wer interessiert sich nicht für seine Kinder? –, dennoch ist es eine Tatsache, dass wir nur wenig Tradition darin haben, dieses Interesse in die Praxis umzusetzen. Seit Generationen kommt dieses Interesse fast ausschließlich in Form von Fragen und Vernehmungen zum Ausdruck, bei denen es nicht darum geht, wer man ist, sondern was man getan hat.

Skandinavische Kinderpsychologen haben herausgefunden, dass viele Eltern ihren Kleinkindern jeden Tag dieselben stereotypen Fragen stellen, wenn sie sie aus dem Kindergarten abholen:

* Hast du dein Brot aufgegessen?
* Was hast du sonst noch gemacht?
* Hattest du einen schönen Tag?

Schlagfertige Kinder könnten entgegnen:

»Ist mein Bauch das Wichtigste an mir?«

»Das werde ich dir erzählen, wenn wir wieder richtigen Kontakt zueinander bekommen haben und wenn ich etwas Wichtiges zu erzählen habe. Ich habe keine Lust, Bericht zu erstatten.«

»Was ist ein schöner Tag? Interessiert es dich auch, wenn ich einen schrecklichen Tag hatte, oder willst du nur dein Gewissen beruhigen?«

Fragen eignen sich am besten, wenn es dem Fragesteller um eine konkrete Information geht. Als Ausdruck persönlichen Interesses sind sie nur von begrenztem Wert, und vor allem dienen sie nicht dem gleichwürdigen Dialog. Der Fragende kann sich hinter seinen Fragen verstecken, während der andere sich öffnen muss. Journalisten sprechen aus gutem Grund von »Interview-Opfern«.

Das größte Problem beim Aufbau einer differenzierten privaten Beziehung ist in dieser Hinsicht die Tatsache, dass der Fragende eine Antwort erhält, die nur im Idealfall etwas damit zu tun hat, was das Kind wirklich beschäftigt. Das gilt in erheblichem Maß auch für die Beziehung unter Erwachsenen. Kinder hören nach zehn bis zwölf Jahren oft damit auf, die Fragen ihrer Eltern zu beantworten – oder sie antworten ebenso routiniert und unpersönlich, wie sie gefragt wurden. Wenn die Dinge sich auf diese Weise entwickeln, sind die Eltern natürlich verzweifelt, weil sie sich doch im Grunde nichts vorzuwerfen haben. Also fragen(!) sie: »Was sollen wir denn sonst tun? Wenn wir nicht fragen, erfahren wir doch gar nichts mehr. Man muss den Kindern alles aus der Nase ziehen.«

Es gibt zwei konstruktive Alternativen. Die eine besteht darin, dass die Eltern sich an die Kandare nehmen und ihre Phrasen durch persönliche Aussagen ersetzen. Wenn sie dazu nicht in der Lage sind, sollten sie lieber gar nichts sagen. Die bessere Alternative ist jedoch, die Kinder mit persönlichen Aussagen zu konfrontieren, also etwas von sich selbst zu erzählen. Es geht nicht darum, etwas »abzuladen«, sondern sich zu öffnen, von kleinen und großen Begebenheiten, Gedanken und Erlebnissen zu erzählen, als wäre es ein Gespräch unter Freunden. Viele kommen sich dabei zunächst fürchterlich egozentrisch vor, doch das Ge-

Die Führungsrolle der Erwachsenen

genteil ist der Fall: Man lässt andere an sich teilhaben. (Natürlich gibt es auch Menschen, die in einer Tour von sich selbst erzählen, aber die braucht man vor den Fragen nicht zu warnen – sie stellen ohnehin keine.)

Stellen wir uns erneut vor, wir würden unseren Sprössling vom Kindergarten abholen. Als Alternative zu den üblichen Phrasen schlage ich Folgendes vor:

»Hallo, Christopher! Schön, dich zu sehen!«

Danach kleine Pause, um sich einen ersten Eindruck zu verschaffen, wie es um seine Stimmung bestellt ist. Außerdem braucht der Junge ja ein wenig Zeit, um seine Aktivitäten zu beenden, seine Schuhe anzuziehen etc. Wenn er nicht freiwillig beginnt, von seinem Tag zu berichten, während man im Auto sitzt oder an der Bushaltestelle steht, sollte man von seinen eigenen Erlebnissen erzählen. Was genau, ist nicht so wichtig. Es geht darum, das Erlebte mit Christopher zu teilen. Vermutlich wird er daraufhin selbst anfangen, von seinem Tag zu erzählen oder vielleicht auch fragen, ob es Pläne für das Wochenende gibt. Möglicherweise brauchen aber auch beide erst einmal eine Weile der Stille, um das Gewesene hinter sich zu lassen und sich näher zu kommen. All das ist in Ordnung – außer öder Routine, die nur dazu dient, dem Image des interessierten Vaters gerecht zu werden.

Kinder lernen sprechen, indem man mit ihnen spricht und ihnen vorliest. In der Schule lernen sie später, richtig zu lesen und zu schreiben. In den ersten sechs, sieben Jahren lernen sie vor allem, sich innerhalb der Familie *auszudrücken* – oder sie lernen es eben nicht.

Diese tägliche Vergewisserung, wer das Kind ist, spielt eine bedeutende Rolle für den unmittelbaren Kontakt zwischen Eltern und Kind und ist eine unverzichtbare Grundlage für die vielen kleinen und großen Entscheidungen, die von den Eltern unter Ausübung ihrer Führungsrolle getroffen werden müssen.

Dialog und Entscheidungsprozess

Ein Dialog ist etwas anderes als eine Diskussion. Wir führen einen Dialog, um etwas über uns selbst, den anderen und das Thema zu lernen – nicht um den anderen von einer vorgefertigten Meinung zu überzeugen. Kinder werden vermutlich mit der Fähigkeit zum Dialog geboren, doch müssen dessen Spielregeln erlernt und geübt werden. Deshalb ist es wichtig, Kinder in so viele Entscheidungen wie möglich einzubeziehen. Kinder können *erzogen* werden, zu schweigen oder sich artig zu äußern, doch wenn man ihre Fähigkeit zum Dialog fördern will, muss man sie *einbeziehen*.

Heutige Familien werden oft als »Gesprächsfamilien« bezeichnet – nicht selten mit dem Unterton, man könne es mit all den Gesprächen auch übertreiben. Ich teile diese Meinung insofern, weil ich glaube, dass man mit Kindern nicht jedes kleine Detail besprechen muss, nur um den demokratischen Schein zu wahren. Doch wenn Eltern (oder Kinder) wichtige Entscheidungen treffen müssen, die ein Konfliktpotenzial bergen, dann muss ein Dialog geführt werden.

Wenn wir Entscheidungen treffen, die eines der Kinder oder die gesamte Familie berühren, tun wir das stets mit der Absicht, eine Entscheidung herbeizuführen, die sowohl für den Einzelnen als auch die Gemeinschaft von

Die Führungsrolle der Erwachsenen

größtmöglichem Wert ist. Darum ist es wichtig, entweder von vornherein zu untersuchen, was für den Einzelnen am wertvollsten ist, oder im Nachhinein die Entscheidung im Licht des Konflikts zu betrachten, zu dem sie geführt hat.

Es geht nicht um Demokratie, sondern um Gleichwürdigkeit. Es geht darum, so lange und ausführlich miteinander zu reden, dass sich alle gehört und ernstgenommen fühlen – und zwar nicht, weil Kinder ein *Recht* auf Einfluss hätten, sondern weil die Gemeinschaft von ihrer Mitwirkung profitiert. Schließlich sind es die Eltern, die unter Berücksichtigung des Dialogs und ihrer Lebenserfahrung die Entscheidung treffen müssen, die sie als angemessen betrachten.

> Die Familie profitiert von der gleichwürdigen Beteiligung der Kinder an Gesprächen und Entscheidungsprozessen.

Für die Mitwirkung der Kinder besteht keine Altersgrenze. Je früher sie mit am Tisch sitzen, desto schneller lernen sie, sich am Dialog zu beteiligen und sich an die Spielregeln der Familie zu halten. Obwohl auch Vorschulkinder schon ein ausgeprägtes Gespür für die Qualitäten und Bedürfnisse der Gemeinschaft haben, sind sie noch nicht in der Lage, sich sonderlich strukturiert zu äußern, doch diese Fähigkeit erwerben sie durch zunehmende Übung und das gute Beispiel ihrer Eltern.

Diese Form des Dialogs ist besonders für Patchworkfamilien von großer Bedeutung und sollte von diesen besonders gepflegt werden. So vermeidet man auch, sich nur zusammenzusetzen, wenn bereits ein Konflikt entstanden ist. Welche Atmosphäre die Eltern den Gesprächen verleihen können, ist dabei maßgeblich für die Qualität der Entscheidungen, die getroffen werden. Es ist mitunter nicht so leicht, größere Kinder und Jugendliche in Gespräche einzubinden, weil sie meinen, wichtigere Dinge zu tun zu haben. In dieser Hinsicht gilt das Prinzip: »Wir können über alles reden und diskutieren, nicht jedoch über die Notwendigkeit, miteinander zu reden.«

Kann denn eine Vierjährige auch nur ansatzweise beurteilen, ob es gut für sie ist, den Kindergarten zu wechseln oder nicht, könnte man fragen. Die Antwort lautet ja und nein. Die Vierjährige ist eine Expertin darin, wie es ist, vier Jahre alt und sie selbst zu sein, doch fehlt es ihr an der notwendigen Erfahrung, solch eine Entscheidung zu fällen. Doch je mehr sie gehört und je ernster sie im Entscheidungsprozess genommen wird, desto leichter wird es den Eltern fallen, ihr in der Übergangszeit zu helfen und sie zu unterstützen, falls sie den Kindergarten eines Tages wechseln sollte. Die Einbeziehung ihrer Gedanken, Gefühle und Meinungen weisen die Eltern als Eltern aus. Dasselbe gilt, wenn sie als Siebzehnjährige selbst erwägt, den Ausbildungsplatz zu wechseln oder von der Schule abzugehen. Es ist notwendig, dass sie die Entscheidung selbst trifft, doch sollte sie es möglichst nicht allein tun. Sparring und Dialog sind die einzigen Möglichkeiten, die Qualität ihrer Entscheidung zu sichern, und gleichzeitig der beste Schutz gegen Einsamkeit auf beiden Seiten. Nicht anders als zwischen den Erwachsenen.

Anerkennung und Einbeziehung

Das Interesse an der individuellen Persönlichkeit des Kindes ist die Voraussetzung dafür, dass die Eltern seine Meinungen, Gefühle, Träume und Ziele anerkennen. Erst wenn das geschehen ist, sind Eltern auch in der Lage, diese in ihre eigenen Erwägungen und Entscheidung mit einzubeziehen.

»Ach so, jetzt verstehe ich dich, Maria. Du hast eigentlich gar nichts gegen den neuen Kindergarten. Du bist nur traurig, weil du dann nicht mehr jeden Tag mit Nicolai spielen könntest.«

»Ja, er ist mein allerbester Freund.«

»Das weiß ich. Mich würde das auch traurig machen. Ich bin froh, dass du es gesagt hast. Dann können wir noch mal darüber nachdenken, bevor wir uns für einen Kindergarten entscheiden.«

Maria wurde gesehen und gehört. Ihr Vater hat ihr geholfen, ihre Gefühle und Gedanken in Worte zu fassen. Wie auch immer die Entscheidung ausfallen mag, sind die Eltern nun imstande, Marias enges Verhältnis zu Nicolai in ihre Überlegungen mit einzubeziehen. Vielleicht werden sie ihr trotz eines Kindergartenwechsels ermöglichen, Nicolai auch weiterhin gelegentlich zu treffen und mit ihm zu spielen. Der Verlust von Nicolai wäre für sie schmerzlich, doch würde sie mit ihrem Schmerz nicht alleingelassen. Dies wäre der Fall, wenn die Miteinbeziehung durch Trost ersetzt würde:

»Ich kann verstehen, dass du Nicolai vermissen wirst, aber du wirst sehen, dass du im anderen Kindergarten ganz schnell neue Freunde bekommst.«

Diese Aussage ist eine widersprüchliche Behauptung, die Maria dazu bringt, entweder zu resignieren oder mit Händen und Füßen zu kämpfen. Beide Reaktionen isolieren sie von der Gemeinschaft und stempeln sie ab – entweder als

»unkompliziert und vernünftig« oder als »völlig hysterisch«.

Einbeziehung vermittelt Kindern und Jugendlichen die Erfahrung, ihre eigene Lebenswirklichkeit mitgestalten zu können. Das ist einerseits eine wichtige Voraussetzung für Gleichwürdigkeit und Gegenseitigkeit, andererseits eine Bedingung dafür, dass sie aktive Mitverantwortung übernehmen, sich also persönlich für das Umsetzen der getroffenen Entscheidungen in die Praxis verantwortlich fühlen. Darüber hinaus hilft es ihnen, etwas über sich selbst zu erfahren, eine persönliche Sprache zu entwickeln und zu erleben, dass ihre Existenz für ihre Eltern von Bedeutung ist.

In Gefühlen gehört und ernstgenommen zu werden ist weit wichtiger und hilfreicher als Trost.

Noch vor einer Generation sollten Kinder »gesehen, aber nicht gehört« werden. Das gehört der Vergangenheit an. Das krasse Gegenteil besteht darin, ihnen unbegrenzte Redezeit einzuräumen, unabhängig von der Qualität des Gesagten. Die Alternative heißt Anerkennung.

Macht

In einer Familie haben die Erwachsenen die Macht – in sozialer, ökonomischer, physischer und emotionaler Hinsicht. Kulturell bedingt, reagieren Eltern auf diese Erkenntnis höchst unterschiedlich. In Nordeuropa neigen die meisten dazu, ihre Macht eher herunterzuspielen, wohingegen an anderen Orten vor allem die Väter es geradezu genießen, ihre Macht öffentlich zu demonstrieren.

Die Führungsrolle der Erwachsenen

> Das Entscheidendste für das Wohlergehen und die Entwicklung der Kinder ist die Art und Weise, mit der Eltern von ihrer psychologischen und physischen Macht Gebrauch machen, und dieses Buch handelt weitgehend davon, welche Richtlinien dafür meiner Erfahrung nach am zweckmäßigsten sind.

Unabhängig vom genetischen Erbe oder etwaigen Krankheiten oder Behinderungen der Kinder entscheidet in erster Linie die elterliche Handhabe ihrer Macht darüber, ob die Kinder ihr persönliches und soziales Potenzial voll ausschöpfen können. Es handelt sich in mancher Hinsicht um eine erschreckende Macht, die bei vielen Eltern glücklicherweise mehr Demut als Machtlüsternheit auslöst.

Allen Eltern ist sicherlich gemeinsam, dass es ihre Kinder nicht immer leicht haben, mit ihnen zusammenzuleben. Vieles wird ihnen gegeben, anderes geht ihnen im Laufe der Zeit verloren. In unserer Gegenwart entwickeln sie spezifische Talente und Eigenschaften, die sie in anderen Familien möglicherweise nicht hätten entwickeln können. Angesichts dieser Tatsache besteht weder Anlass zu Stolz noch zu Schuldgefühlen.

Eine der destruktiven Formen der Macht ist Ohnmacht. Sie führt oft zu Machtmissbrauch und Verletzung der kindlichen Integrität oder aber zu Resignation, Passivität und Kontaktarmut. Wir sprechen auch von Vernachlässigung der Fürsorgepflicht. Es ist weder ungewöhnlich noch schädlich, sich manchmal machtlos zu fühlen. Wenn man jedoch bemerkt, dass dieses Gefühl wächst und im Verhältnis zu den Kindern immer mehr Platz beansprucht, sollte man Hilfe in Anspruch nehmen. Der gegenseitige Schmerz ist das Motiv, die persönliche Verantwortung und Integrität der Eltern der Weg zur Veränderung.

Wie zuvor bereits erwähnt, gibt es eine relativ neue Form der Vernachlässigung der Fürsorgepflicht. Sie findet dort statt, wo sich Eltern aus unterschiedlichen Gründen scheuen, ihre persönliche Macht und Autorität wahrzunehmen und stattdessen beides den Kindern überlassen. Eine von Natur aus defensive Strategie, die auf lange Sicht genau die individuellen und familiären Probleme schafft, die man vermeiden wollte.

Wenn Eltern sich überwiegend machtlos fühlen oder sich scheuen, Verantwortung und Autorität zu übernehmen, leiden die Kinder.

Sie wird oft von sehr sensiblen, engagierten und liebevollen Eltern angewandt, die ihren Kindern nur selten Schaden zufügen würden, wenn sie sich nur trauten, die Verantwortung für ihre Macht und Autorität zu übernehmen.

Kinder können nicht immer verstehen, warum die Eltern dieses und jenes für sie entscheiden, und das ist auch nicht notwendig. Solange die Eltern ihre Macht in weitgehender Übereinstimmung mit den Werten in diesem Buch ausüben, werden die Kinder sich bei ihnen sicher fühlen – und das ist viel wichtiger als die Einsicht in jedes Detail. Als Eltern treffen wir oft Entscheidungen, für die wir erst Tage, Monate oder Jahre später eine vernünftige Erklärung finden. Manchmal bereuen wir unsere Entscheidungen auch, und beides ist in Ordnung. Das Wahrnehmen von Führungsaufgaben ist ein kontinuierlicher Lernprozess, der sich gemeinsam mit denjenigen vollzieht, die geführt werden sollen – das gilt für Familien wie für Unternehmen. Es geht darum, sich seiner Werte und Ziele bewusst zu werden und seine Führungsrolle in Übereinstimmung mit ihnen auszuüben. Die Problemlösung ist ein Teil der Führungsaufgabe. Nimmt sie jedoch zu viel Raum ein, ist es an der Zeit, sich seiner Werte zu vergewissern.

Nachwort

Es gibt keinen Beweis, dass bestimmte Werte für das Wohlergehen der Familie wichtiger sind als andere. Überall auf der Welt finden sich fröhliche, zufriedene, harmonische und lebendige Familien, deren Richtlinien und Wertvorstellungen vollkommen verschieden sein können. In vielen von ihnen könnte ich selbst nicht leben, doch bin ich froh, dass es sie gibt. Ihre Existenz erinnert mich daran, dass die Antworten darauf, was »richtig« und was »falsch« ist, überaus vielfältig sind.

Von elementarer Bedeutung ist aber zweifellos, dass die Erwachsenen in einer Familie überhaupt Wertvorstellungen besitzen – etwas, woran sie glauben; Überzeugungen, für die sie eintreten. Mit aller Vorsicht möchte ich hinzufügen, dass diese Werte niemals wichtiger sein dürfen als der Mensch an sich. Abstrakte Wertvorstellungen dürfen den einzelnen Menschen nicht in den Schatten stellen oder aus der Gemeinschaft ausschließen. Sonst dienen sie nur dem Machtmissbrauch, haben mit echten *Familienwerten* aber nichts zu tun.

Familien entwickeln sich dann am besten, wenn ihre Mitglieder voneinander lernen, anstatt sich zu belehren.

Buchtipps

JUUL, Jesper: *Aus Erziehung wird Beziehung. Authentische Eltern – kompetente Kinder.* Hrsg. v. Ingeborg Szöllösi. Freiburg: Herder, 2005

JUUL, Jesper: *Aus Stiefeltern werden Bonus-Eltern. Chancen und Herausforderungen für Patchwork-Familien.* München: Kösel, 2011

JUUL, Jesper: *Dein kompetentes Kind. Auf dem Weg zu einer neuen Wertegrundlage für die ganze Familie.* Reinbek: Rowohlt, 2009

JUUL, Jesper: *Die kompetente Familie. Neue Wege in der Erziehung.* München: Kösel, 2007

JUUL, Jesper: *Elterncoaching. Gelassen erziehen.* Weinheim und Basel: Beltz, 2011

JUUL, Jesper: *Grenzen, Nähe, Respekt. Auf dem Weg zur kompetenten Eltern-Kind-Beziehung.* Reinbek: Rowohlt, 2009

JUUL, Jesper: *Mann und Vater sein.* Hrsg. v. Ingeborg Szöllösi. Freiburg: Kreuz, 2011

JUUL, Jesper / HØEG, Peter / BERTELSEN, Jes / HILDEBRANDT, Steen /JENSEN, Helle / STUBBERUP, Michael: *Miteinander. Wie Empathie Kinder stark macht.* Weinheim und Basel: Beltz, 2012

JUUL, Jesper: *Nein aus Liebe: Klare Eltern – starke Kinder.* München: Kösel, 2008

JUUL, Jesper: *Unser Kind ist chronisch krank.* Ein Ratgeber für Eltern. München: Kösel, 2005

JUUL, Jesper: *Pubertät – wenn Erziehen nicht mehr geht: Gelassen durch stürmische Zeiten.* München: Kösel, 2010

JUUL, Jesper: *Was gibt's heute? Gemeinsam essen macht Familie stark.* Weinheim und Basel: Beltz, 2010